한국증권시장의 공매거래의 본질

한국증권시장의 공매거래의 본질

김종오

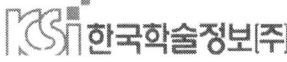 한국학술정보㈜

책머리에

이 책은 본인의 경영학 재무관리 박사학위 논문을 수정 보완한 것이다. 이 논문을 구상하던 당시는 아시아 금융위기로 인한 IMF구제 금융을 받기 전후로, 한국주식시장의 드라마틱한 등락을 경험하면서 많은 투자자들에게 주식투자의 변동성을 다시금 생각하게 만들었다.

실제로 외환위기 이전 1995년 10월에 종합주가지수가 1,000포인트 전후에서 움직이던 것이 1997년 6월 이후로 급락하여 급기야 1998년 6월 16일에는 280포인트에 이르렀다. 이후 다시 상승을 시작하여 불과 1년여 만인 1999년 7월에 다시 1,000포인트를 회복하였다.

외환위기를 겪으면서 우리 경제와 금융 전반에 뼈를 깎는 구조조정과 개혁이 급물살을 탔고, 많은 부분에서 선진적인 제도와 관행이 도입되기 시작했다. 증권시장의 시스템 역시 개선이 거듭되었고, 주가지수 선물과 옵션시장도 개설되어 세계적 규모의 시장으로 자리잡아가고 있다. 선물, 옵션 등의 파생상품과 같은 선진 금융기법들도 이제는 전문가들만의 것이 아닌 일반 상식이 되어가고 있다.

학문 연구 분야에서도 효율적인 제도에 관심을 둔 시장미시구조(market microstructure) 분야가 재무 분야에서 각광을 받고 있다. 이 논문 역시 시장미시구조 연구의 한 부분으로써, 공매(short sale)거래의 본질과 그 제도의 심층연구를 통해 시장을 효율적으로 만들기 위한 공매 관련 정책적 시사점을 제시하고자 한 것이 연구배경이라 하겠다.

본 연구는 1996년 11월 25일부터 1997년 12월 27일까지 한국 주식시장에 대한 일중 자료(intraday data)인 'IFB/KSE 거래 자료(IFB/KSE transactions database)'를 이용한 사건 연구(event study)를 통해 공매

거래가 발생한 후 가격 조정 양상을 분석해 봄으로써, 우리나라 주식시장에서 공매 거래가 과연 정보 거래(informed trading)인지 그 여부를 규명한 것이다.

주문유형별, 거래량별, 기업규모별로 공매의 정보거래 효과를 살펴본 결과 공매가 부정적인 정보를 함유한 거래라는 결과를 도출하였다.

나아가 이러한 공매를 결정하는 요인을 밝혀, 공매 거래가 전날과 당일의 시장 요인(market-wide information)에는 음의 관계로, 개별 요인(firm-specific information)과는 양의 관계를 가짐을 보였다.

공매가 시장을 불안정(destabilizing)하게 하는지 그 여부에 대하여 아시아 금융 위기로 인한 주가 폭락기를 전후로 나누어 검토해 본바, 우리나라 시장에서 적어도 일중에서 공매가 시장을 교란시키는 증거를 찾아 볼 수 없었다.

본 연구의 주요 공헌은 공매에 대한 풍부한 정보가 담겨져 있는 방대한 양의 일중 자료를 이용하여, 공매가 나쁜 뉴스를 담은 정보 거래임을 밝히고, 일중 사건 연구를 통해 공매 거래 전후의 음의 비정상 수익을 정확하게 측정한 데에 있다. 나아가 공매의 결정 요인을 분석함으로써 공매 거래의 특성을 보다 구체화하고, 공매를 포함한 일반 주문을 직접 관찰하여 투자자들의 투자 행태를 분석해 봄으로써, 우리 시장의 미시 구조를 보다 자세히 들여다 본 데 의의를 갖는다. 또한 공매가 시장을 교란시키지 않으므로, 공매에 대한 지나친 규제를 완화하여 투자자들에게는 합리적인 자산 선택이 가능하게 하고, 시장은 보다 효율적으로 운용되게 하는 것이 필요하다는 정책적인 시사점도 도출하였다.

끝으로 이 책의 출판을 허용해주신 한국학술정보사에 감사드리고, 저자가 연구할 당시 묵묵히 지원을 아끼지 않았던 사랑하는 부모님과 가족들에게 다시 한번 감사를 표한다.

목 차

표 목차

그림 목차

제1장 서 론

제1절 연구의 동기와 목적

본 연구는 한국 주식시장에서 일중 자료(intraday data)를 이용하여, 공매(short sale) 거래의 본질을 규명하고, 그 공매의 결정 요인을 도출하고자 한 연구이다.

최근 아시아 금융 위기와 우리나라의 IMF 체제 진입으로 인해 우리나라의 주식시장이 대폭락을 경험하였다. 거의 대부분의 종목이 동반 하락을 면치 못하고 있는 상황에서 개인 투자자들의 소위 '깡통 계좌'들이 속출하였다. 이러한 어려운 현실에서도 수익을 내는 투자자들이 간혹 있는데, 대개 주가지수 선물 시장에서 매도 포지션을 취하거나, 주가지수 옵션 시장에서 풋옵션을 매입하는 등의 전략을 취함으로써 이익을 얻는 경우라 하겠다. 이와 같이 파생 상품 시장을 이용하는 방법 외에, 현물 시장에서도 공매 제도를 이용하여 주가 하락에 대처할 수 있다. 공매 거래는 투자자가 어떤 주식의 가격이 하락하리라고 예측하는 경우, 보유하고 있지 않은 주식을 증권 회사 등으로부터 빌려 매도한 다음, 후에 낮은 가격으로 매수하여 갚음으로써 그 차익을 얻으려는 투자 수단이다.

이러한 공매 거래에 대하여 실무적으로 투자자들의 인식이 부족할 뿐만 아니라, 학문적으로도 국내는 물론 해외에서도 이 분야에 대한 연구가 매우 부족한 실정이다.

재무 관리 분야에서 공매에 관한 연구는 주로 미국 주식시장에 대해 공매 잔고(short interest)의 변동이 미래의 주가를 설명하는지에 관해 초점이 맞추어져 왔다(Senchack and Starks(1993), Figlewski and Webb(1993), Conrad(1994), Hanley and Seyhun(1994), Asquith and Meulbroek(1996), Dechow, Hutton, Meulbroek and Sloan(1997) 등). 이들의 연구에서 알려진 결과는 공매 잔고의 현저한 증가가 공표되는 시점 전후로 음의 초과 수익률 반응이 나타났다는 것인데, 이러한 공매 잔고와 비정상 수익 간의 음의 관계 정도만 밝혀졌을 뿐 이 분야의 연구가 매우 부족하다.[1] 이는 기존의 이론적인 모형에서 도출된 실증적 의미가 부족한 데도 원인이 있지만, 공매와 관련된 정보는 개별 주식에 대한 미결제된 공매 잔고(short interest)의 총량만이 월별로 발표되는 데 그쳐 분석 자료가 미흡한[2] 때문이기도 하다.

이상의 결과처럼 공매 잔고가 비정상 수익과 음의 관계를 갖는다면, 투자자 입장에서 공매 잔고의 변동을 주시하다가 유의적으로 증가하는 시점에 공매 거래를 하면 초과 수익을 얻을 수 있다는 것을 의미한다. 그 논리적 근거로서 다음과 같은 세 가지 가능성을 생각해 볼 수 있다.

첫째는 시점 포착 가설(good market timing hypothesis)이다. 이동 평균선과 차트 등을 이용하여 과거의 주가 변화를 분석한 후 투자 시점을 찾는 기술적 분석(technical analysis)에 기반한 투자를 하는 경우,

---

1) 신용 잔고가 주가지수를 설명하는지에 대한 국내 연구로는 南尙九, 朴鍾浩 (1996)가 유일하다. 신용 거래를 다룬 연구로 박영석(1998)도 있으나, 이는 수수료와 증거금에 관한 이론적 연구로서 신용 융자 거래에 국한하고 있다.

2) New York Stock Exchange(NYSE)와 American Stock Exchange(ASE) 에서는 매월 15일에 당해 거래소에 상장된 기업들의 보통주, 우선주, 신주 인수권(warrant)의 공매 잔고를 집계하며, 이때 '유의적인(significant)' 증가를 기록한 종목을 매월 20일경에 The Wall Street Journal, Barron's Financial Weekly나 New York Times같은 주요 일간지를 통해 공시한다. 거래소에서 주별로(weekly basis) 총 공매 거래를 집계하고는 있으나, 개별종목에 대한 공매잔고 수준에 대한 정보를 포함하고 있지 않다. (Asquith and Meulbroek(1996))

주가가 하락하는 시점을 잘 포착하여 공매도를 했을 가능성이 있다.

둘째는 가격 압박 가설(price pressure hypothesis)이다. 대량의 공매가 이루어진 후 수급의 불균형으로 인하여 가격 하락이 일시적으로 지속될 가능성이다. 또는 공매도를 한 뒤 초과 수익을 얻고자 인위적으로 가격을 떨어뜨릴 가능성이 있다.

셋째는 정보 거래 가설(informed trading hypothesis)이다. 공매 거래에는 제도적으로 많은 규제 및 제약이 부과되는데,3) 투자자들이 이러한 비용을 감수하면서까지 주식을 공매한다는 것은 주식을 통상적으로 매도하는 것 이상의 의미가 있으며, 공매에 내재된 주가의 부정적인 정보(negative information)를 인식하고 있다고 할 수 있다. 따라서 공매도 주문이 보통의 매도 주문에 비하여 더 정보가 많이 함유되어 있어, 공매 거래가 이루어진 후 가격이 비정상적으로 하락할 가능성이 있다.

본 연구는 이상과 같은 가설들을 실증적으로 검토하여, 공매 거래의 본질이 무엇인지를 규명하려는 데 그 목적이 있다.

시점 포착 가설의 경우 공매 거래가 과거 주가의 패턴 분석에 기반을 둔 투자이므로, 주가 하락 전에 공매 시점을 잘 포착한다 하더라도, 공매 직후 즉각적인 가격 조정이 이루어질 논리적 이유는 없다. 가격 압박 가설의 경우는 공매 거래 이후 주가 하락이 지속된다 하더라도 비합리적 행동(irrational behavior)의 결과일 뿐만 아니라, 공매 거래 자체에 담겨있는 정보 내용과는 관계없이 가격 압박이 해소되면 원래의 균형 가격을 회복할 것이다.

---

3) 공매 거래를 하기 위해서는 신용 거래 보증금이 필요하고, 공매도 후 주식 매각 대금을 찾지 못하고, 상환 이전에 배당이 이루어지는 경우 배당금을 주식 공여자에게 반환해야 하는 제도적 제약이 있다. 그 외에도 공매 대상이 되는 종목이 부족하다거나, 업틱룰(uptick rule) 등의 명시적, 암묵적인 거래 비용이 존재한다.

그런데 Diamond and Verrechia(1987)는 합리적 기대 모형(Rational expectation model)을 통해 공매에 대한 제약이 비정보 투자자(uninformed trader)들을 몰아내는 역할을 함을 밝혔다. 즉 정보 투자자(informed trader)들의 공매 거래에는 부정적인 정보가 반영되어, 공매 거래가 이루어지는 순간 가격 조정(price adjustment)이 급격히 일어난다고 하는 이론적 모델을 제시했다. 또한 Dechow, Hutton, Meulbroek, and Sloan(1997)은 공매 투자자들이 일시적으로 과대평가된 주식(fundamental-to-price ratio가 낮은 주식)을 골라 투자하여 초과 수익을 얻을 수 있음을 보였다. 이처럼 공매가 나쁜 뉴스(bad news)를 담고 있는 정보 거래이며, 다량의 공매 거래가 발생한다면 주가는 하락한다고 생각할 수 있다. 시장이 효율적이라면, 그 하락 조정은 즉각적으로 이루어질 것이다.

따라서 본 연구는 위 세 가능성 중 세 번째 정보 거래 가설에 초점을 맞추어 공매 거래 발생 전후의 가격 조정 양상을 분석해 봄으로써, 우리나라 주식시장에서 공매 거래가 과연 정보 거래인지 그 여부를 규명하고자 한다.

이를 위하여 기존의 월별 혹은 일별 자료만을 이용한 분석으로는 불충분하다. 모든 공매 주문과 거래를 일일이 관찰하여, 공매 거래 발생 전후의 가격 조정 양상을 분석함으로써, 공매 거래 전후의 음의 누적 비정상 수익(negative cumulative abnormal return)을 정확하게 측정하려면, 좀 더 세밀하게 나누어진 자료, 즉 일중의 주문과 거래에 대한 자료를 이용한 미시적인 연구가 필요하다. 미시적인 연구의 장점은 매우 짧은 순간이 하나의 구간으로 설정이 되므로, 분석 시 다른 효과와 혼합되는 가능성이 적어, 보다 정확한 분석이 가능하다는 점이다.

이러한 자료 입수가 가능한 1996년 11월 25일부터 1997년 12월 27일까지의 'IFB/KSE 거래 자료(IFB/KSE transactions database)'라는 일

중 자료를 이용하여, 우리나라의 주식시장에서 공매 거래가 나쁜 뉴스를 담은 정보 거래임을 밝히고, 일중 사건 연구(intraday event study)를 통해 공매 거래 전후의 음의 누적 비정상 수익을 정확하게 측정하는 것이 본 연구의 주요 목적이다.

  이러한 공매 거래를 결정하는 요인은 무엇인가? 공매 투자를 하려는 사람의 입장에서 보면, 시장 전반의 요인도 물론 투자 결정의 중요한 변수가 되겠지만, 개별 종목에 특유한 요인이 보다 더 중요할 것이다. 공매 투자의 주요한 동기 중의 하나인 헷징이나 차익 거래를 위해서는 선물, 옵션 시장과 연계된 현물 시장의 시장 포트폴리오(market portfolio)를 구성하기가 수월해야 하는데, 현물 시장에서는 공매 대상 종목의 부족으로 인해 잘 분산된 포트폴리오(well-diversified portfolio)를 구성하기가 어렵고, 또한 미국 시장처럼 개별 종목에 대한 옵션이 존재하지 않기 때문에, 우리 시장에서는 헷징이나 차익 거래 목적의 공매가 상대적으로 적을 것이다. 더욱이 신용 대주로 운용되고 있는 공매 투자는 개인 투자자만이 가능하므로, 이러한 목적의 공매는 그리 많지 않을 것으로 생각된다. 따라서 시장이 하락할 것이라는 시장 전반에 대한 정보를 가진 투자자라면, 굳이 많은 비용이 소요되는 공매를 택하기보다는 주가지수 선물 시장이나 주가지수 옵션 시장을 이용하는 편이 유리할 것이다. 정보가 없지만 위험 회피도가 낮아 레버리지 투자를 선호하는 사람일지라도, 비용이나 숏 포지션의 제약이 훨씬 적은 주가지수 선물 시장이나 옵션 시장을 이용하는 것이 합리적이다. 그러므로 개별 요인 즉 개별 종목 특유의 요인이 시장 요인보다는 공매를 결정하는 더 중요한 요인일 것으로 생각된다. 따라서 시장 요인(market-wide information)과 개별 요인(firm-specific information)을 변수로 삼아 공매 거래를 결정하는 요인을 분석해 보고자 한다.

끝으로 주식의 공매는 인위적으로 공급을 창출함으로써 불공정한 경쟁 상태하에서 주식의 시세의 하락을 야기할 뿐만 아니라, 시세 변동의 진폭을 크게 하고 그 빈도를 잦게 함으로써 투기를 조장하여, 일반적인 가격 안정 기능을 문란케 한다는 비판이 있다. 공매가 특히 주가 하락기에 시장을 악화시키는 역할을 한다는 비판론에 근거하여 제도적으로 규제나 제한이 심한 편인바, 아시아의 금융 위기를 초래한 동남아의 통화 폭락을 시작으로 촉발된 주가 폭락기에 과연 공매가 시장을 더욱더 불안정(destabilizing)하게 하였는지를 분석함으로써 공매의 역할론을 아울러 검토해 보고자 한다.

제2절 연구의 방법 및 내용

위와 같은 연구를 수행하는 방법과 내용 및 주요한 결과는 다음과 같이 간략히 요약할 수 있다.

첫째, 1996년 11월 25일에서 1997년 12월 27일까지 320거래일 동안 공매 거래가 발생한 총 367종목 중에서 20거래일 미만으로 공매 거래가 존재하거나, 표본 기간 중 관리 종목에 편입된 경우, 그리고 기간 중에 신규 상장된 종목을 제외한 보통주 186종목에 대하여 공매 거래가 정보 거래인지를 검증하기 위해 일중 자료를 이용한 사건 연구를 수행하였다.

공매 발생 시각을 기준으로 전후 각 3개씩의 10분 간격 수익률과, 대응되는 일반 매도에 대한 수익률의 차이로 비정상 수익을 구하였다. 10분 간격으로 수익률을 구하는 방법은 체결 가격으로 수익률을 구함으로써 생기는 호가 격차(bid-ask bounce)문제와, 저빈도 거래(thin trading)

로 인한 수익률 과대 추정의 문제가 발생하므로, 매수 호가 간 (bid-to-bid) 수익률, 매도 호가 간(ask-to-ask) 수익률, 및 중간 호가 (spread midpoint-to-midpoint) 수익률도 함께 고려하였다. 그리고 공매 발생 시점을 기준으로 전후 30개의 거래 간 수익률(transaction-by-transaction return)로도 구해본다. 대응 표본(matching sample)은 한 달 이내의 동일 종목에 대하여 같은 요일, 같은 시간대(공매전후 30분 이내)에서 같은 주문 유형(시장가 주문 또는 지정가 주문), 같은 거래량 (없으면 가장 근사한 거래량), 같은 투자자 유형(개인, 기관, 외국인)을 갖는 일반 매도를 찾아서 선택하였다.

이렇게 구한 비정상 수익이 공매 전후에 어떠한 움직임을 보이는지를 시장가 주문과 지정가 주문으로 나누어 살펴본 결과, 시장가 주문에 의한 공매 거래의 경우에는 약 -0.246%의 비정상 음의 가격 반응을 보였고, 약 20분 이내 혹은 20여 거래 이내에 조정이 완료되었다. 지정가 주문에 의한 공매 거래가 같은 조건의 일반 매도에 비하여 약 0.364% 의 비정상 양의 가격 반응을 보였고, 거의 즉시 조정이 이루어졌다.

또한 그러한 가격 조정이 영구적인 효과인지 일시적 효과인지를 검증해 보기 위해, Holthausen, Leftwich and Mayers(1990)의 대량 거래 (block trading)의 가격 효과에 대한 연구 방법론을 원용하여, 공매의 가격 효과가 영구 효과(permanent effect)를 갖는지를 분석해 본바, 가격 효과의 대부분이 영구적임을 나타내어 공매가 정보 거래임을 뒷받침하고 있다.

그리고 공매 거래량의 크기에 따른 정보 효과도 존재할 것으로 생각되는데, 정보 거래와 거래량 간의 관계는 양론이 있다. Easley and O'Hara(1987)는 거래량에는 투자자의 정보와 정보 사건의 발생 가능성 등이 함유되어 있으므로, 대량 거래로 발생하는 가격 효과는 거래량에 의존한다고 밝힌 반면, Kyle(1985)은 정보 거래자가 자신의 거래로 인해 정보가 누출되는 것을 위장하기 위하여, 한번의 대량 거래보다는 여러 개의 소량 거래로 나누어 낸다고 주장하였다.

본 연구에서는 표본 기간 중의 모든 공매 거래를 거래량 크기별로 다섯 그룹으로 나누어 비정상 수익을 구한 결과, 거래량이 클수록 정보 효과가 크다는 양의 관계를 도출하였다. 공매 거래 회전율(공매 거래량/상장 주식 수) 크기별로 다섯 그룹으로 나누어 비정상 수익을 구한 결과도 역시 양의 관계가 나타났다.

또한 동남아의 통화 폭락이 시작된 1997년 10월 1일을 기점으로 우리의 주식시장은 붕괴 위기를 맞을 정도로 주식 투자는 위기 시에 더욱 큰 위험을 내포하고 있다. 위험이 증대된 이 국면에서 공매 거래는 더 큰 정보 효과를 가질 것으로 보인다. 1997년 10월 1일을 전후, 두 기간으로 나누어 분석한 결과, 이후 시기에는 이전 국면에 비하여 대략 0.30% 정도의 더 강한 음의 가격 조정을 보였고 변동성도 증가하였다.

둘째, 공매에 영향을 미치는 요인이 무엇인지를 크게 시장 요인과 개별 요인으로 나누어 살펴보았다. 시장 요인과 개별 요인의 대용 변수로서 각각 시장 수익률과 개별 종목 수익률을 독립변수로 삼고, 하루 중 총 매도량 중에 공매가 차지하는 비율인 공매 비율을 종속변수로 삼아 회귀 분석(regression analysis)을 수행하였다. 개별 종목 수익률과 시장 수익률 간에는 상관관계가 존재하므로, 개별 종목 수익률을 시장 수익률에 회귀시켜 나온 잔차를 개별 종목 수익률 대신 사용하였다.

분석 결과 전날 혹은 당일의 종합 주가지수가 하락(상승)하면 공매 비율(공매 거래량/총거래량)은 증가(감소)하고, 전날 혹은 당일의 개별 종목의 초과 수익이 존재할 경우 공매 비율은 증가하였다. 즉 시장 요인에 대해서는 전날과 당일 시장이 하락하면 당일의 공매가 증가하고, 시장이 상승하면 당일의 공매는 감소하는 전형적인 가격 추종 거래

(positive feedback trading)의 형태를 보였다. 반면 개별 요인에 대해서는 전날과 당일 개별 종목이 시장 수익률을 초과하여 오르면 공매 비율을 늘리고, 내리면 줄이는 역투자 전략(contrarian strategy)과 유사한 형태가 나타났다. 상대적으로 시장 요인에 비하여 개별 요인의 영향이 통계적으로 강하게 나타났다. 그리고 시장 위기 국면에서는 시장 요인과 개별 요인 공히 당일에만 공매를 설명해 주고 있는데, 위기 국면에서는 정보의 수명이 매우 짧아지고 변동성이 심하여, 전날의 요인이 공매에 영향을 미치지 못한다는 증거임을 알 수 있다.

KOSPI 200지수를 대상으로 하는 주가지수 선물 시장이 존재하는 우리나라 시장에서, 현물 시장의 공매 거래가 선물 시장과 연계되어 발생할 가능성이 있다. 주가지수 선물의 움직임은 시장의 움직임과 궤를 같이 하므로, 현물 시장의 KOSPI 200지수를 구성하고 있는 종목들의 경우는 개별 요인뿐만 아니라, 시장 요인도 중요한 요소가 됨을 알 수 있었다. KOSPI 200종목에 포함되지 않은 종목의 경우 시장 요인은 공매를 결정하는 요인이 되지 못하였다. KOSPI 200지수를 구성하고 있지 않은 종목들의 경우는 선물 시장과 연계가 불가능하므로, 시장의 움직임에 민감하지 않음을 의미한다. 이러한 종목들에 대한 공매 투자는 시장 요인보다는 개별 종목 특유의 요인이 더 중요한 요소가 될 것이다.

셋째, 공매가 시장을 악화시킨다는 공매에 대한 비판론을 검증하였다. 우선 일중 분석으로서 하루를 5분 간격으로 나누어 공매 비율이 높은 구간을 이벤트로 삼아 사건 연구를 수행한다. 종목별로 공매 비율 상위 20개씩의 구간을 선정한 다음 각 구간에 대하여 전후 5개의 구간별 수익률을 구하고, 대응 표본으로서 요일별, 구간별로 전 표본 기간에 걸친 평균값을 구한 다음, 앞서 구한 주식 수익률에서 이 값을 빼, 조정 수익률(mean-adjusted return)을 구한다. 이 조정 수익률에 절대값을 취하여 평균을 구해 변동성(volatility)의 지표로 삼는다. 이 역시 아시아 금융 위기 전후로 나누어 살펴본다.

다음으로 일별 분석은 구간을 하루로 나눈다는 것을 제외하고는 일중 분석의 방법론과 유사하다.

일중 분석의 결과 대량의 공매 이벤트 이후의 조정 수익률이 유의적으로 (-)값을 갖지 않고, 변동성이 지속적이고 가파른 상승을 보이지 않아, 공매가 시장을 불안정하게 만든다는 증거를 찾지 못하였다. KOSPI 200종목에 속하는 경우 공매 거래 이후 지속적인 주가 하락이나 변동성의 증가를 가져오지 않았고, 오히려 공매 거래 이전의 지속적인 하락 추세가 공매 거래로 인해 안정화됨을 알 수 있다. 이는 차익 거래와 같은 선물 연계 매매가 존재함을 암시하는 결과이다. 그리고 KOSPI 200종목에 속하는 경우 공매 시점 구간에서의 음의 조정 수익률이 매우 크게 나타났고, 공매 거래 이후 대략 10분 내지 15분간 지속적인 주가 하락이 있으나 유의적이지 못하였다. 공매 거래 이전의 지속적인 하락 추세가 시장가 주문에 의한 공매 거래로 인해서도 비교적 안정화됨을 알 수 있다.

1997년 7월 7일에 KOSPI 200지수를 기초 자산으로 하는 주가지수 옵션 시장이 개설됨에 따라 주가지수 선물 시장과 더불어 현물 시장과의 연계 매매가 더욱 활발해지게 되었다. 주가지수 옵션 시장 도입 이후 KOSPI 200종목에 속하는 표본의 경우 그 이전에 비하여 공매 시점 구간에서의 음의 반응이 작아졌고, 유의적이지는 않으나, 시장가 주문에 의한 공매 직후 양의 조정 수익률을 보여, 주가지수 옵션 시장의 도입이 시장의 안정화에 도움을 주고 있음을 알 수 있다. KOSPI 200종목에 속하지 않은 표본의 경우 주가지수 옵션 시장의 도입 이후 오히려 공매 후에 지속적인 주가 하락과, 유의성은 작지만 음의 조정 수익률을 보인다. 이는 차익 거래가 불가능한 종목은 주가지수 옵션의 도입으로 상대적으로 더욱 개별 종목 정보에 민감하게 되어 정보 거래로서의 역할이 보다 강하게 됨을 의미한다.

일별 분석의 경우 금융 위기 이후 시점에서는 대량의 공매 이벤트 이후의 조정 수익률이 유의적으로 (-)값을 갖고, 변동성이 지속적인 상승을 보여 공매가 시장을 불안정하게 만든 결과를 보였다.

본 연구는 다음과 같이 구성하였다.

제2장에서 한국 증권시장의 매매 제도와 공매 제도에 관해 자세히 살펴보고, 제3장에서는 본 연구에 사용된 자료에 대한 설명과, 공매 주문 및 거래가 갖는 기본적인 통계적 특성을 기술적으로 분석(descriptive analysis)한다. 그리고 본론으로 제4장에서 공매의 정보 효과를, 제5장에서는 공매가 어떤 요인에 의해서 영향을 받는지에 대하여 분석하고, 제6장에서는 공매가 시장의 안정을 저해하는지에 대한 분석을 수행하고, 제7장에서 결론을 제시한다.

제2장 한국 증권시장의 공매 제도

제1절 한국 증권시장의 매매 제도

1. 증권거래소 시장의 운영

한국의 증권시장은 한국 증권거래소(KSE) 단일 시장이며, 시장 조성자가 없이 다수의 매도자와 다수의 매수자가 경쟁적으로 주문을 내어 거래를 체결하는 전산화된 시장(electronic order driven market)이다.

거래소의 시장은 유가 증권의 종류에 따라 주식시장, 채권시장, 주가지수 선물 시장, 그리고 주가지수 옵션 시장으로 구성되어 있는데, 주식시장에 초점을 맞춰 매매 제도를 설명하기로 한다.[4]

거래소는 투자자에게 합리적인 투자 판단 기준을 제공하고 주식 분산을 유도하기 위해, 주식시장을 제1부와 제2부로 구성하여, 소속 부를 다르게 하고 있다. 상장 후 6개월 이상이 경과되고, 증권거래소가 정하는 주식 분산, 납입 자본 이익률 및 유보율, 배당 실적, 감사 의견, 거래량 등에 관한 요건을 충족하는 경우에는 제1부로 지정되며, 신규 상장 주식과 위 요건을 충족하지 못하는 종목은 제2부로 지정된다.

1997년 12월 말 현재 거래소의 시장은 시간의 구분에 따라 오전 시장(전장)과 오후 시장(후장)으로 구분되어 있다. 전장은 09:30-11:30, 후장은 13:00-15:00으로 되어 있으며, 토요일은 전장만 열린다.[5] 이러

---

4) 한국증권거래소(1996), 박정식, 박종원(1998), 김종선, 김종오(1995), 李正道(1993) 참조.

한 정규 시장이 끝나고 30분간 그날의 종가로 거래할 수 있는 시간 외 종가 매매 제도가 있다.

또한 증권거래소에서는 대량의 수요와 공급을 신속 원활하게 처리하기 위해, 거래소 시장에서 매매할 수 있는 최저 단위의 수량을 10주로 정하고 있다. 다만 매매 수량 단위(round lot)에 미달하는 주식, 즉 단주(1주-9주)는 증권 회사가 직접 거래의 상대방이 되어 매매를 성립시킨다. 그러나 5만 원 이상의 고가주의 경우, 거래소에서 지정하는 종목에 한하여 단주도 장 중에 매매되고 있다.

거래되는 증권의 가격 표시에 있어 최소 단위를 의미하는 호가 가격 단위(tick size)는 가격대에 따라 다른데, 1주의 가격이 10,000원 미만인 경우 10원, 10,000원 이상 100,000원 미만은 100원, 100,000원 이상 500,000원 미만은 500원, 500,000원 이상은 1,000원이다.[6]

2. 매매 거래의 위탁

증권거래소 시장에서 거래할 수 있는 자는 회원인 증권 회사에 한정된다. 따라서 투자자는 증권의 매입과 매출을 증권 회사에 위탁하여야 한다. 즉 투자자들은 증권 회사를 통하여 주문을 내는데, 주문의 방식은 다음과 같이 세 가지로 나눌 수 있다.

가격과 수량을 지정한 지정가 주문(limit order)과, 수량만을 지정하여 상대편 우선 호가와 체결을 시키는 시장가 주문(market order), 그리고 장 중에 지정가 주문을 낸 다음 장이 끝날 때까지 체결되지 않을

---

5) 1998년 12월 7일부터 점심시간을 없애 09:00-15:00 단일 장으로 운영하고 있고, 토요일에는 휴장한다.

6) 1998년 3월 3일 이후 세분화 되었는데, 5,000원 미만은 5원, 10,000원 이상 50,000원 미만은 50원이 신설되었다.

경우, 후장 동시 호가에 시장가 주문으로 전환이 되는 조건부 지정가 주문(conditional limit order)이 있다.

1996년 11월 25일부터 도입된 우리의 시장가 주문은 지정가 주문보다 체결순위상 우위에 있는데, 딜러가 존재하는 시장에서의 시장가 주문과는 차이가 있다. 딜러가 존재하는 시장에서의 시장가 주문의 경우 일정 범위의 주문 수량은 항상 시장가로 거래가 체결되는 반면, 우리나라 시장의 시장가 주문은 상대편의 주문 잔량이 존재할 경우에만 거래가 성립한다.[7] 또한 딜러가 존재하지 않는 우리와 유사한 시장 형태를 갖고 있는 프랑스 증권시장의 시장가 주문과도 차이가 있는데, 프랑스의 경우 상대편의 최우선 호가 잔량과 체결되고 남은 수량은 그 가격(상대편 최우선 호가)의 지정가 주문으로 전환되는 반면, 우리의 경우는 수량이 충족될 때까지 체결되는(walk up the book) 특징이 있다.[8]

1996년 11월 25일부터 도입된 시장가 주문의 활용도는 5% 미만에 그치고 있다. 시장가 주문의 도입 전에도 거래 체결의 불확실성을 고려해서 최우선 호가보다 불리한 가격으로 주문을 내는 경우가 자주 있는데 이러한 지정가 주문은 시장가 주문과 본질상 동일하다. 따라서 이하에서는 이러한 제도적인 분류 대신 즉시 체결되는 주문을 시장가 주문, 즉시 체결되지 못한 주문을 지정가 주문으로 부르기로 하고, 제도적인 분류의 의미를 사용할 때는 '제도적……'이라는 어미를 붙여 사용하기로 한다.[9]

---

7) 지청, 장하성, 옥진호(1998) 참조.
8) 물론 수량이 충족되기 전에 상대편의 잔량이 소진된 경우는, 충족되지 못한 수량만큼 매수일 때는 상한가, 매도일 때는 하한가 주문으로 남게 된다.
9) 따라서 시장가 주문은 제도적인 시장가 주문을 포함함은 물론 제도적 지정가 주문 중에서 즉시 체결될 수 있는 주문까지를 포함한 개념이고, 지정가 주문은 제도적 지정가 주문 중에서 즉시 체결될 수 없는 주문만을 의미한다. Angel(1997)은 제도적 지정가 주문 중에서 즉시 체결될 수 있는 주문을 'marketable limit order'라 명명하였다.

투자자는 주문을 하기 전에 매매 거래 대금의 40% 이상에 해당하는 위탁 증거금을 증권 회사에 예탁해야 주문을 할 수 있다.[10] 이러한 증권 매매의 위탁에 대하여 수수료를 증권 회사에 납부하여야 하는데, 수수료율은 증권 회사가 자율적으로 정하며, 대략 거래 금액의 0.3-0.5% 정도이다.

3. 매매 거래의 체결

한국 증권거래소는 1973년부터 컴퓨터를 이용하기 시작, 1983년에는 투자자의 주문을 처리하는 공동 온라인 시스템이 가동되었고, 1988년부터는 주문을 집중하여 처리하는 매매 체결 시스템이 가동되어 오다가 1997년 9월 1일부터 매매 거래의 완전한 전산화를 실시하여, SMATS(stock market automated trading system)라 불리는 전산 시스템으로 거래를 체결하고 있다. 따라서 우리나라에는 미국의 경우와 같은, 공정하고 질서 있는 시장을 유지시키는 임무를 가지거나, 시장 기회에 차별적인 접근 권한을 가진 시장 조성자(market maker)나 장내 거래자(floor trader)가 존재하지 않는다.

Glosten(1994)의 'electronic open limit order book'의 역할을 하는 이 매매 체결 시스템은 하루 650,000건의 주문을 처리하며, 주문 폭주로 인하여 매매 체결이 지연되지 않는 한 고객의 주문 입력에서 매매 확인 전송까지 소요되는 시간은 3-10초 이내이다.

거래소는 다수의 매도자와 다수의 매수자 사이에서 이루어지는 경쟁 매매 방식을 택하고 있는데, 단일 가격에 의한 경쟁 매매(call auction)와 복수 가격에 의한 경쟁 매매(continuous double auction)가 있다. 동

---

10) 1998년 4월 1일부터 증거금률을 증권 회사의 자율에 맡기도록 하였다.

시 호가 제도로 불리는 단일 가격에 의한 경쟁 매매는 전장 개장 시 시초가 결정, 후장 개장 시 시가 결정, 후장 폐장 시 종가 결정, 그리고 매매 거래가 일시 중단되었다가 재개되는 경우에 이용되는 것으로, 매도 호가의 합계 수량과 매수 호가의 합계 수량이 일치하는 가격으로 거래가 되는 방식이다. 복수 가격에 의한 경쟁 매매는 시가가 결정된 직후부터 매매 종료 시의 종가 결정 직전에 이르기까지 적용되는 것으로, 매도 호가와 매수 호가의 경합에 의한 개개의 가격으로 개개의 수량이 합치되는 경우, 일치하는 호가 간에 계속적으로 매매 거래를 성립시키는 방법이다. 이는 거래 시간 중 동일 종목에 대해 서로 다른 가격이 계속적으로 형성되기 때문에 접속 매매라고도 한다.

거래의 체결에는 일정한 원칙이 있다. 복수 가격에 의한 개별 경쟁 매매(접속 매매) 시에는 가격 우선 원칙이 적용되며, 동일한 가격의 호가에 대하여는 시간 우선 원칙이 적용되고, 호가 집계표상의 접수 순서에 따라서 매매가 체결되기 때문에 수량 우선 원칙은 배제된다. 단일 가격에 의한 개별 경쟁 매매(동시 호가)에는 시간의 선후가 분명하지 않으므로, 시간 우선 원칙이 배제되고, 가격 우선 원칙이 적용되며, 동일 가격에 접수되어 있는 호가는 수량 우선 원칙이 적용되나,[11] 소량 주문을 낸 투자자를 보호하기 위하여, 그 체결 수량은 일정한 기준에 따라 분배한다.[12]

---

11) 호가의 수량이 동일한 때에는 전산 시스템상의 기록 순위로 한다.
12) 1989년 7월 이후 전산 매매 종목에 대하여 다음과 같은 동시 호가시 수량 배분 순위가 적용되고 있다.
   제1순위 - 매매 수량 단위의 10배, 즉 100주에 달할 때까지 수량이 많은 호가가 우선한다. 이 수량을 초과하는 호가는 다음을 순차적으로 적용한다.
   제2순위 - 주문 잔량의 10분의 1
   제3순위 - 주문 잔량의 5분의 1
   제4순위 - 주문 잔량의 3분의 1
   제5순위 - 주문 잔량의 2분의 1

이상과 같은 매매 계약 체결의 예외로서 대량 매매 제도가 있다. 일정한 수량 이상의 주식을 매매하는 경우에는 호가를 공개적으로 처리함으로써 경쟁을 유도하고, 대량 물량의 일시적 거래에 따른 가격의 급격한 변동을 방지하기 위하여, 별도의 대량 매매 규정에 따라 처리하도록 하고 있다. 이에는 일정한 수량 이상의 호가에 대하여 투자자가 공개를 희망하는 경우 이를 공개하여, 이미 접수되어 있는 호가 중 최저가의 매도 호가보다 낮거나 같고, 최고가의 매수 호가보다 높거나 같은 호가로 매매 거래를 성립시키는 희망 대량 매매와, 투자자가 종목 및 수량이 동일한 매도 호가와 매수 호가를 시가 또는 종가로 매매 거래를 성립시키기 위하여 거래소에 신청하고, 시초가나 종가가 결정되면 그 가격으로 매매 거래를 성립시키는 신고 대량 매매가 있다. 대량 매매의 기준은 수량이 5만 주 이상이거나 거래 금액이 10억 원 이상에 해당하는 경우이다.

하루 중 매매 체결 과정을 요약하면 다음과 같다. 전장 개시 90분 전부터 주문을 받아 동시 호가로 단일 가격에 의한 경쟁 매매에 의해 시초가를 결정한 후 전장 종료 시까지 복수 가격에 의한 개별 경쟁 매매 방식으로 매매가 형성된다. 후장 역시 오전에 제출된 주문 중 미체결된 것과 점심시간 동안 받은 주문을 모아 단일 가격에 의한 경쟁 매매로 시초가를 결정한 후, 후장 종료 10분 전까지 복수 가격에 의한 개별 경쟁 매매를 하고, 10분 동안 동시 호가 주문을 받은 뒤 15:00에 단일 가격에 의한 경쟁 매매로 장을 마감한다. 주문의 수명은 여기까지이며 (day-order만이 가능), 이후 15:10-15:40 동안(토요일의 경우는 11:40-12:10) 그날의 종가로 거래하고 싶은 투자자는 새로이 주문을 내어 시간외 종가 매매를 한다.

제6순위 – 주문 잔량
모든 경우 매매 수량 단위 미만은 매매 수량 단위로 4사5입 한다.

4. 매매 거래의 관리 및 규제

상장 주식의 거래를 원활히 하고 거래소 시장의 효율적인 관리를 위해 다음과 같은 제도가 있다.

전일 종가를 기준으로 하루 중에 변동할 수 있는 주식 가격의 상한과 하한을 일정한 범위 내로 제한하는 가격 제한 폭 제도가 있는바, 1995년 4월 이전에 평균 4.6%의 가격대별 정액제에서 1995년 4월 1일부터 6%정률제로, 그리고 1996년 11월 25일부터 8%로 그 제한 폭이 점차 확대되고 있다.[13)

또한 매매가 폭주하거나 매매 거래 중 미확인된 루머나 뉴스와 관련하여 특정 종목의 주가 및 거래량이 급변하는 경우, 매매를 일시적으로 중단함으로써 주가의 안정 및 선의의 투자자를 보호하고자 하는 매매 거래 중단 제도(trading halt)가 있다.

가격과 거래량에 비하여 비정상적인 변동이 발생한 종목에 대하여 시장 관리상 투자자의 주의를 환기시키기 위하여 감리 종목으로 지정, 매매 거래에 일정한 제한을 두고 있다. 그리고 도산한 상장 기업이나 상장 규정상 상장 폐지 기준에 해당되면 관리 종목으로 지정이 되어, 30분마다 단일 가격에 의한 경쟁 매매 방식으로 하루 10회만 거래가 된다.

투자자들이 시장 상황의 변화에 즉시 대처할 수 있도록 시장 정보의 효율적인 전달 메커니즘이 중요한데, 거래소는 실시간(real time)으로 컴퓨터 단말기를 통해 투자자들에게 시장 정보를 풍부하게 공급하고

---

13) 1998년 3월 2일 이후 12%로, 1998년 12월 7일을 기해 15%로 확대되었다. 동시에 이와 같이 가격 제한 폭이 확대됨에 따라 하루 중 지수가 10% 이상 하락하는 경우, 시장 참여자들에게 냉정한 투자 판단 시간을 제공하기 위하여 일시적으로 매매 거래를 중지시키는 'Circuit breakers'제도가 도입되었다.

있다. 1997년 4월 1일 이후에는 투자자가 증권 회사 객장에 나가 직접 주문을 낼 필요 없이 집이나 사무실에서 컴퓨터를 통해 직접 주문을 내고, 체결 결과의 내용을 받아볼 수 있는 'Home trading'제도가 시행되고 있고, 이에 따라 호가 정보 또한 매도, 매수측 각각 최우선 호가, 차우선 호가, 차차우선 호가의 3단계로 확대하여 제공하는 등 시장 정보의 투명성(transparency)이 매우 높아져 가고 있다. 따라서 보다 경쟁적이고 효율적인 시장 구조가 형성되어, 가격 발견(price discovery)의 효율성이 더욱 제고될 것으로 기대된다.

제2절 한국 증권시장의 공매 제도

1. 공매와 신용 거래 제도

공매 거래는 융자 거래와 더불어 신용 거래의 하나로서, 일반적으로 유가 증권시장에서의 신용 거래라 함은 증권의 매매 거래에서 고객이 증권 회사로부터 매수할 경우는 그 매수 대금을, 매도할 경우는 그 매도 증권을 차입하여 수도 결제하는 매매 거래를 말한다. 신용 거래와 관련된 증권 거래법 제49조의 규정에 의하면 "증권 회사는 유가 증권에 관련하여 고객에게 금전의 융자 또는 유가 증권의 대부의 방법으로 신용을 공여할 수 있다."고 함으로써 이에는 신용 융자(buying on margin)와 신용 대주(stock loan)를 포괄하고 있다.

본 연구에서의 공매라 함은 "……고객에게 유가 증권의 대부의 방법으로 신용을 공여……"에 해당하는 신용 대주를 지칭하기로 한다. 유가 증권의 공매와 관련하여 대주(貸株)라는 용어가 일반적으로 사용되고

있는데, 이는 신용 융자에 대칭되는 의미이자 공매를 결제하기 위한 수
단적 개념의 용어이다. 제도를 설명할 때를 제외하고는 보다 이론적이
고 개념적인 용어인 공매(空賣)를 사용하기로 한다.

1969년 2월에 도입되어 부단히 개선, 정비되어 현재에 이르고 있는
우리나라의 신용 거래 제도는 신용 공여를 누가 해 주느냐에 따라 증
권 회사의 신용 공여와 증권 금융 회사의 신용 공여로 나뉜다. 증권 회
사의 신용 공여는 증권 회사가 자기 자금으로 직접 고객에게 금전을
융자하거나, 자기 보유 주식으로 유가 증권을 대부하는 것을 말한다. 이
때 자금이 부족하거나 대부 주식이 부족할 경우에 외부 금융 기관으로
부터 금전이나 주식을 차입하여야 하는데, 우리나라는 증권 금융 회사
를 통하여 이러한 일이 이루어지고 있다. 즉, 증권 금융 회사의 신용 공
여는 증권 금융 회사가 증권 회사에 대하여 고객의 주식 매매를 위한
신용 공여에 관련된 보통 거래 결제에 필요한 자금 또는 유가 증권을
증권거래소의 결제 기구를 통하여 대출하여 주는 것을 말한다. 증권 회
사의 신용 거래는 직접 일반 개인 투자자에게 신용을 공여하는 것이고,
증권 금융 회사의 신용 거래는 증권 회사를 매개로 하여 일반 개인 투
자자에게 신용을 공여하는 것이다.

일반적으로 증권 금융 제도는 각국의 금융 제도에 따라 상이하며, 증
권 금융의 중개를 담당하는 금융 기관의 유무에 따라서 두 가지로 구
분할 수 있다. 하나는 상업 은행이 개인이나 증권 관련 자금을 공급하
는 형태로, 미국이나 영국에서 채택하고 있다. 다른 하나는 우리나라와
일본의 경우처럼 증권 금융을 전문적으로 담당하는 증권 금융 기관이
개인이나 증권 회사에 증권 관련 자금을 공급하는 형태이다.[14)

이와 같이 신용 거래는 차입 방식에 따라 증권 회사로부터 매수 자

---

14) 이정범, 이주영(1998), 韓國證券金融株式會社 調査部(1997) 참조.

금을 차입하는 것을 자기 융자(自己融資), 증권 회사로부터 매도 증권을 차입하는 것을 자기 대주(自己貸株), 증권 금융 회사로부터 매수 자금을 차입하는 것을 유통 융자(流通融資), 증권 금융 회사로부터 매도 증권을 차입하는 것을 유통 대주(流通貸株)라 하는 네 가지로 구성이 되는데, 1985년부터 증권 유통 금융이 중단되었다가, 1996년 3월부터 재개된 이후 아직까지 유통 대주는 이루어지지 않고 있다.

2. 증권 회사에 의한 신용 거래

(1) 신용 거래의 위탁

신용 거래를 하고자 하는 고객은 증권 회사에 본인이 기명 날인 또는 서명한 신용 거래 계좌 설정 약정서 등을 증권 회사에 제출하고, 계좌 설정 보증금 100만 원을 납입하여야 한다. 증권 회사는 이 계좌 설정 보증금을 그 고객에 대한 채권 회수 목적 이외에는 사용할 수 없다. 또한 고객은 증권 회사에 매매 거래를 위탁할 때마다 주문표에 신용 거래인지, 현금 거래인지를 구분하여 표시하여야 한다.

(2) 신용 거래 종목

증권 회사가 신용 거래를 행할 수 있는 유가 증권은 거래소 시장에서 상장된 주권으로 한다. 다만 증권 회사는 자기가 발행한 주권에 대하여는 신용 거래 융자 또는 신용 거래 대주를 하지 못한다. 금융 감독 위원회는 신용 거래 상황의 급격한 변동 등 기타 필요하다고 인정되는 경우에는 신용 거래 종목에 대하여 신규의 신용 거래를 중지시킬 수 있다. 또한 거래소가 감리 대상 종목으로 지정하였을 때, 그리고 거래소가 관리 종목으로 지정한 경우에도 신규의 신용 거래를 중지한다.

〈표 2.1〉은 증권시장지 각 년도 12월 마지막 거래 일자를 기준으로 1988년부터 1997년까지의 상장 종목 수와 신용 거래의 대상이 되는 종목 수 그리고 그 비율을 나타낸 것으로, 1996년 9월 1일부터 신용 거래 종목이 1부 상장 종목에서 1, 2부 전 상장 종목으로 확대된 이후, 1996년과 1997년도의 신용 거래 종목 수는 [증권거래소 1, 2부 상장 종목 수-관리 종목 수-감리 지정 종목 수-증권 회사 자기 발행 종목 수]로 계산한 것이다.

1996년 이후 신용 거래 대상 종목이 급격히 증가한 이유는 1부 종목에 한정되었던 신용 거래 대상이 1996년 9월 1일을 기해 2부 종목까지 확대되었기 때문이다.

〈표 2.1〉 우리나라 신용 거래 종목 수

연 도	상장 종목 수(A)	신용 거래 종목 수(B)	비율(B/A)
1988	970	538	0.55
1989	1,284	681	0.53
1990	1,115	756	0.67
1991	1,013	747	0.73
1992	1,014	755	0.74
1993	1,045	768	0.73
1994	1,089	725	0.67
1995	1,112	748	0.67
1996*	1,143	1,042	0.91
1997*	958	779	0.81

(3) 신용 거래 한도

신용 거래 종목별 신용 거래 한도는 신용 거래 융자와 대주의 경우 모두 당해 종목 상장 주식 수의 20%이며, 금융 감독 위원회는 종목별로 그 한도를 달리할 수 있다. 1997년 말 현재 증권사별 총 신용 거래 한도가 융자는 자기 자본의 150%, 대주는 자기 자본의 50%로 규정되어 있었으며, 증권 회사별 동일인에 대한 최고 한도는 1억 원으로 제한되어 있었으나, 1998년 4월 1일부로 증권사별 총 한도와 동일인에 대한 최고 한도 규정은 폐지되어, 각 증권사가 자율적으로 결정하게 되었다.

(4) 신용 거래 보증금

신용 거래 보증금이란, 고객이 증권 회사로부터 신용 거래 융자 또는 신용 거래 대주를 받기 위하여 미리 제공하는 현금 담보를 말하며, 고객은 현금에 갈음하여 유가 증권(대용 증권[15])을 담보로 제공할 수 있다. 증권 회사는 신용 거래를 수탁함에 있어 위탁자가 주문하는 매매 수량에 그 지정 가격(지정 가격이 없을 때에는 그 당시의 시세)을 곱하여 산출한 금액에 신용 거래 보증금률을 곱한 금액 이상을 신용 거래 보증금으로 신용 거래 수탁 시에 징수하여야 한다.

신용 거래 보증금률은 종전에 40%로 증권 관리 위원회 위원장이 그 비율을 변경하거나 종목별로 그 율을 달리할 수 있었다. 제도가 바뀌어 금융 감독 위원회가 최저한도(40%)만을 규정함으로써 1998년 3월 2일

---

15) 증권시장에서 증권이 거래될 때 유가 증권의 활용도를 높이고 용이한 유통을 위하여, 현금에 대신하여 사용할 수 있도록 별도로 지정한 유가 증권을 대용 증권이라 한다. 대용 증권은 증권을 사고 팔 때의 위탁 증거금, 신용 거래 시의 신용 거래 보증금으로 사용되며 그 외에 각종 보증금, 공탁금으로 사용된다.

부터는 신용 거래 보증금률과 담보 유지 비율이 자율화되었고, 대부분의 증권사들이 그동안의 40%의 신용 거래 보증금률을 높여 책정하게 되었다.

이처럼 보증금의 예탁을 엄격하게 적용하는 목적은 다음과 같다. 첫째, 증권 회사가 고객에게 금전이나 주권을 대부하고 있는데, 그에 대해 주가의 변동으로부터 발생하는 위험을 담보하고자 하는 채권 보전의 목적이 있다. 둘째, 위탁 보증금률의 정도에 따라 고객의 신용 거래 이용 태도가 크게 좌우될 것이므로, 시황에 따라 이를 적절하게 조절함으로써 신용 거래에 의한 과당 투기를 조절하는 투기 억제를 목적으로 한다. 셋째, 자금 능력이 부족한 자의 신용 거래 참가를 억제하려는 목적이 있다.

또한 증권 회사는 신용 거래 보증금률을 정함에 있어, 매도 또는 매수별로 대용 증권으로 갈음할 수 있는 비율을 정할 수 있다. 신용 거래 보증금 중 대용 증권으로 갈음할 수 있는 비율을 제외한 현금 납부 해당액은 위탁자의 당해 매수 대금에 충당하여야 한다. 신용 거래 보증금률의 변동 추이는 〈표 2.2〉와 같다.

〈표 2.2〉는 융자와 대주의 보증금률의 변동 추이를 나타낸 것으로 증권감독원 「資本市場年報」 자료로부터 구한 것이다.

<표 2.2> 우리나라 신용 거래 보증금률의 변동 추이

	융 자	대 주
1986. 4.14	현금 20%, 대용증권 20% →현금 40%, 대용증권 20%	대용증권 40%→60%
7. 5	현금 40%, 대용증권 20% →현금 60%	
7.25	현금 60%→현금 80%	대용증권 60%→80%
1987.11.18	현금 80% →현금 30% 대용증권 30%	대용증권 80%→60%
2. 1	현금 30%, 대용증권 30% →현금 60%	
1988. 2. 5	현금 60%→80%	대용증권 60%→80%
2. 8	현금 80%→100%	대용증권 80%→100%
4.29	현금 100%→40%	대용증권 100%→40%
12.24	현금 40%→60%	대용증권 40%→60%
1989. 6. 3	현금 60%→40%	대용증권 60%→40%
12.12	현금 40%→60%	
1990. 4.26	현금 60%→40%	
5.16	현금 40%→대용증권 40%	대주 중지
9.20	대용증권 40% →현금 20%, 대용증권 20%	
1994. 1.14	현금 20%, 대용증권 20% →현금 40%	대주 재개, 대용증권 40%
1998. 3. 2	각 증권사의 자율적 결정	각 증권사의 자율적 결정

(5) 담보의 징구

증권 회사는 신용 거래 융자에 있어서는 매수한 주식을, 신용 거래 대주에 있어서는 매도 대금을 담보로 징구한다. 신용 거래 융자에 의하여 매수한 주식, 신용 거래 대주에 의하여 매도한 주식 또는 신용 거래 보증금으로 납부한 대용 증권의 시세 변동으로 담보가액(신용 거래 보증금 및 대용 증권을 포함)의 총액이 당해 신용 거래 융자액 또는 신용 거래 대주 시가 상당액에 대하여 증권 회사가 정한 일정 비율(담보 유지 비율)에 미달하는 때에는 지체 없이 추가 담보를 징구하여야 한다. 담보 유지 비율을 계산함에 있어, 신용 거래 융자에 의하여 매수한 주식 및 신용 거래 대주에 대하여 매도한 주식의 사정 가격은 당일의 종가(당일의 종가에 의한 사정이 불가능한 경우에는 전일의 종가)로 하며, 대용 증권의 사정 가격은 대용 가격[16)]으로 한다. 동일 신용 거래 계좌에 2 이상의 신용 거래가 있을 때에는 이를 합산하여 계산할 수 있다.

(6) 신용 거래의 기간 및 상환

신용 거래의 상환 기간은 종전에는 150일 이내로 제한하였으나, 1996년 9월 1일부터 고객의 신용도에 따라 신용 공여 기간을 차등화할 수 있도록 신용 공여 기간에 대한 제한을 폐지하였다. 신용 거래의 상환은 반대 매매에 의하여 상환하는 방법과, 현금 또는 동일 종목의 주권으로 상환하는 방법이 있으나, 대부분은 반대 매매에 의한 상환이 이루어지고 있다.

(7) 임의 상환

증권 회사는 신용 거래 융자금 또는 신용 거래 대주 상환 기일 이전에 고객에게 상환 요구를 하고, 상환 기일 이내에 상환하지 아니하였을 때에는, 그 익일에 담보물을 처분하여 채권 회수에 충당하여야 한다. 담

---

16) 대용 가격이란 증권시장에서 위탁 증거금, 신용 거래 보증금으로 현금 대신에 사용되는 대용 증권의 가격을 말한다. 이것은 월 단위로 적용되는데 매월 1~25일까지의 주가를 산술 평균한 기준 시세에 일정한 사정 비율을 적용하여 증권거래소가 정하고 있다.

보물의 처분 방법은 신용 거래자가 제공한 신용 거래 보증금, 신용 대주 담보금 또는 담보 유가 증권, 기타 예탁한 현금 및 유가 증권의 순으로 필요한 수량을 유가 증권시장에서 시가 결정에 참여하는 호가로 임의 처분하여 신용 거래자의 신용 결제분의 정리 또는 채무 변제에 충당할 수 있다.

또한 담보의 추가 납부를 요구받고 그 납입 기일까지 이를 납입하지 아니하였을 때와, 이자, 위탁 매매 수수료 및 제세금 등의 납부 요구를 받고 그 납입 기일까지 납입하지 아니하였을 때에도 증권 회사가 임의 상환할 수 있다.

(8) 신용 거래 이자

증권 회사는 신용 거래 융자의 경우에는 고객으로부터 이자를 징수하여야 하며, 신용 거래 대주의 경우에는 고객에게 대주 매각 대금 이용료(대주 매각 대금에 한함)를 지급하여야 한다. 종전에는 신용 거래 고객에 대하여 단일의 이자 및 이용료를 적용하였으나, 고객의 투자 경험 및 신용도 등에 의한 신용 평가 결과에 따라 증권 회사가 자율적으로 결정할 수 있게 되었다. 그리하여 현재는 신용 기간에 따라 증권 회사별로 자체 설정한 차등 이자율을 적용하고 있다. 신용 거래 이율 변동 추이는 〈표 2.3〉과 같다. 〈표 2.3〉은 융자 이자율과 대주 매각 대금 이용료율의 변동 추이를 나타낸 것으로 증권감독원 「資本市場年報」 자료로부터 구한 것이다.

〈표 2.3〉 우리나라 신용 거래 이율 변동 추이

일 자	융자이자율	대주매각대금 이용요율
80. 1. 15	28.0%	6.0%
80. 6. 9	27.0	6.0
80. 9. 18	25.0	6.0
80. 11. 11	23.0	6.0
81. 11. 11	22.0	6.0
81. 12. 1	21.0	6.0
82. 1. 4	20.0	6.0
82. 1. 15	19.0	6.0
82. 3. 30	17.0	6.0
82. 6. 28	13.0	4.0
93. 1. 26	12.0	4.0
93. 3. 26	11.0	4.0
95. 8. 1	자유화	자유화

(9) 신주 인수권 및 배당의 권리 처리

증권 회사는 신용 거래를 행하고 있는 종목에 대하여(자기 신용 종목) 유상 증자의 신주 인수권(新株引受權)이 부여된 경우, 신용 매수의 경우는 그 고객에 대하여 신주 인수권 증서를 인도하거나, 당해 신용 매수 고객으로부터 신주식 납입금을 징수한 후에 신주권을 인도하여야 하며, 신용 매도의 경우는 그 고객으로부터 증서를 인도 받거나, 신주식 납입금을 지급하고, 신주권을 인도 받아야 한다. 무상 증자의 경우에는 신용 매수 고객에게 신주권을 인도하여야 하며, 신용 매도 고객으로부터는 신주권을 인도 받아야 한다.

그러나 증권 회사가 당해 신주권이나 당해 증서를 신용 매도 고객으로부터 인도 받는 것이 곤란하다고 인정되는 경우에, 신주 인수권 및 1단위에 미달하는 신주식의 신주 인수권에 관하여는, 권리 가격[17]으로 계산한 현금을 수수하는 방법으로 권리 관계를 처리할 수 있다.

증권 회사는 자기 신용 종목에 대하여 현금 배당이 부여된 경우, 당해 배당에 상당하는 현금을 신용 매수 고객에게 지급하고, 신용 매도 고객으로부터 이를 징수한다. 주식 배당이 부여된 경우에는 신용 매수 고객에게 당해 주권을 인도, 신용 매도 고객으로부터 당해 주권을 인도 받아 권리 관계를 처리해야 한다. 다만, 증권 회사가 당해 주권을 신용 매도 고객으로부터 인도 받는 것이 곤란하다고 인정되는 경우에는, 배당 주식 및 1 단위에 미달하는 수의 배당 주식에 대하여는 권리 가격[18])으로 계산한 현금을 수수하는 방법으로 처리할 수 있다.

3. 증권 금융 회사에 의한 신용 거래

(1) 의 의

증권 유통 금융이란 증권거래소의 회원인 증권 회사가 고객의 주식 매매를 위한 신용 공여에 관련된 보통 거래 결제에 필요한 자금 또는 유가 증권을 거래소의 결제 기구를 통하여 증권 금융 회사로부터 대출 받는 것을 의미한다. 우리나라는 미국과 달리 콜시장이 발달되어 있지 않기 때문에, 일본과 같이 증권 금융 회사라는 특수한 금융 회사를 설립하여 증권 금융 지원 업무를 전담시켰다.

증권 유통 금융은 증권 회사의 신용 거래와 표리일체의 관계에 있으며, 증권 유통 금융에서 증권 금융 회사와 증권 회사와의 관계는 신용 거래에서 증권 회사와 고객 간의 관계와 같다. 신용 거래 계좌의 설정,

---

17) 신주 인수권의 권리 가격＝권리부 최종 매매일의 구주식 종가－증권거래소의 업무 규정에서 정하는 권리락(權利落)의 기준 가격.
18) 배당 주식의 권리 가격＝배당 주식 최초 상장일의 종가×주식 배당 금액/액면 금액.

신용 거래 보증금 등은 별도로 필요치 않으며, 담보의 징구, 대용 증권 및 대용 가격도 증권 회사에 의한 신용의 경우와 동일한 제도를 가지고 있다.

(2) 증권 유통 금융의 대출 종목

융자 대상 종목은 신용 거래 종목으로 하고 있으며, 대주의 경우에는 증권 금융 회사가 따로 지정하는 종목으로 하고 있다(증권금융 대출업무규정 제34조). 증권 유통 금융은 한때 중단되었다가 1996년 3월 재개되었는데, 증권 유통 금융 업무가 재개된 이후 아직까지 대주가 이루어지지 않고 있다.[19] 이는 유통 금융 대주 종목의 선정을 위해서는 그 기준의 설정 등 일정한 시간이 필요하고, 대주 실시가 주식시장에서 주가의 하락 요인으로 작용할 수 있다는 우려감이 작용하고 있기 때문이다.

(3) 대출 한도

증권 금융 회사는 증권 유통 금융 융자의 총 한도를 정하고 그 범위 내에서 증권 회사별로 배정하고 있다(증권금융 대출업무규정 제37조). 현재 융자 총 한도는 7,000억 원이고, 증권 회사별 융자 한도는 증권 회사의 자기 자본, 자금 예치 실적 등을 감안하여 책정하고 있다. 대주 한도는 전일의 융자 담보 주식의 50% 이내로 제한되어 있다. 그러나 신청 전일의 종가가 액면가의 80% 해당액 미만인 종목은 전일의 융자 담보 주식의 20% 이내로 한다.

---

19) 李教栒(1997) 참조.

(4) 대출의 실시 및 상환

대출을 받고자 하는 증권 회사는 매매일의 익일 16시(토요일은 12시)까지 증권 금융 회사에 대출을 신청하고, 증권 금융 회사는 대출 여부를 심사하여 그 결과를 신청인에 통보하고, 대출 계산서를 대출일 날 교부한다. 증권 금융은 융자 시는 매수 주권, 대주시는 매도 대금을 거래소로부터 수령하여 담보로 취득한다. 고객이 반대 매매를 통하여 상환을 하고자 하는 경우, 매매 거래 결제일 하루 전날 16시(토요일은 12시)까지 증권 금융 회사에 상환 신청을 하여야 하고, 현금 상환을 하는 경우에는 상환 당일 14시(토요일은 11시)까지 상환 신청을 하여야 한다. 일반적으로 매수와 매도가 매일 발생하기 때문에, 증권 회사와 증권 금융 회사와의 자금 결제는 차금 결제로 이루어지며, 대부분 이 방식으로 처리된다.

(5) 대출 기간 및 이율

융자 및 대주의 대출 기간은 150일 이내로 하고 있으며, 60일 단위로 2회에 한하여 연장이 가능하다. 이율은 증권 금융 회사가 별도로 정하도록 하고 있으며, 1997년 말 현재는 대출 기간에 관계없이 고정 금리(융자: 연 15%, 대주: 연 4%)를 적용하고 있다.

(6) 신주 인수권 및 배당의 권리 처리

증권 유통 금융이 담보로서 취득한 매수 주권에 배당이나 신주 인수권이 발생하였을 경우, 그 권리는 당연히 융자 차주가 취득하여야 할 것이며, 반대로 주권을 차입한 대주 차주는 그 권리를 인도하여야 한다. 그러나 증권 유통 금융에서는 융자에 의한 담보 주권은 대주로 사용할 수 있기 때문에, 대주로 사용된 담보에 대하여 직접 배당이나 신주 인수권을 할당받을 수 없다.

대출 종목에 대하여 신주 인수권이 부여된 경우는 증권 유통 금융에서 다음과 같이 처리한다. 첫째, 보유 융자 담보 주식에 대하여 부여된 신주 인수권은 융자 차주별 융자 잔고 주수에 따라 안분 할당하여 융자 차주에게 배정한다. 둘째, 대주 잔고 주수에 발생된 신주 인수권에 대하여는 신주 인수권 권리 가격에 의한 신주 인수권의 대가(권리 대금)를 대주 차주로부터 징수하고, 융자 차주에게 이를 지급한다.

대출 종목에 대하여 현금 배당이 부여된 경우에는 당해 배당에 상당하는 현금을 융자 차주에게 지급하고, 대주 차주로부터 이를 징수한다. 대출 종목에 대하여 주식 배당이 부여된 경우에는 첫째, 증권 유통 금융의 보유 융자 담보 주식(융자 잔고 주수로부터 대주 잔고 주수를 차감한 주수)에 대하여 배당된 주식은 융자 차주별 융자 잔고 주수에 따라 안분 할당하여 융자 차주에게 지급한다. 둘째, 대주 잔고 주수에 발생된 주식 배당분에 대하여는 배당 주식의 권리 가격에 의한 주식 배당 상당 금액을 대주 차주로부터 징수하고, 융자 차주에게 이를 지급한다.

4. 신용 거래 및 증권 유통 금융의 현황

〈표 2.4〉는 1990년부터 1997년까지의 신용 거래 이용률 현황을 나타낸 것으로 자료는 KSE, 「Fact Book」을 참조하였다. 1991년과 1992년 신규 대주 거래량은 백만 주 이하였으므로 0으로 표시하였다.

1997년 총 신용 거래량은 전년도의 21억 6,970만 주에서 43.5% 증가한 31억 1,400만 주를 나타내었다. 이처럼 큰 폭의 증가는 1996년 12월에 거래소 상장 종목 중 2부 종목도 신용 거래 종목으로 채택되었기 때문이다.

〈표 2.4〉 우리나라 신용 거래 이용률(신청일 기준)

(단위: 백만 주, %)

	총거래량 (A)	신용종목 거래량(B)	신용 거래량			제비율	
			융자	대주	합계(C)	C/A	C/B
1990	31,621.1	2,439.6	655.9	6.9	662.8	21.0	27.2
1991	4,094.3	3,547.4	1,284.3	0	1,284.3	31.3	36.2
1992	7,064.2	6,088.7	2,203.3	0	2,208.7	31.3	36.2
1993	10,398.4	8,456.7	2,031.4	-	2,031.4	19.5	24.0
1994	10,911.2	8,894.4	1,607.2	47.7	1,654.9	15.2	19.0
1995	7,656.0	6,022.4	1,817.7	56.4	1,874.1	24.5	31.1
1996	7,785.4	6,481.1	2,114.0	55.7	2,169.7	27.9	33.5
1997	12,125.3	11,851.5	3,018.8	95.4	3,114.2	25.7	26.3

그러나 신용 거래 가능 종목 거래량에 대한 신용 거래량의 비율은 전년도의 33.5%에서 오히려 약 7.2% 감소한 26.3%를 나타내었다.

〈표 2.5〉는 1985년부터 1997년까지의 신용 거래 잔고와 증권 유통 금융 잔고 현황을 나타낸 것으로 자료는 한국 증권 금융(주)에서 발간한 「증권금융」 1998년 6월호를 참조하였다.

1997년 말 신용 거래 융자 잔고는 전년도의 2조 7,740억에서 약 43.8% 감소한 1조 5,600억을, 신용 거래 대주 잔고는 전년도의 350억에서 약 8% 감소한 320억을 나타냈다.

증권 유통 금융은 80년대 지속적인 주가 상승으로 증시가 과열 조짐을 보이자 증시 안정화 방안의 일환으로 86년 3월 중 신규 융자를 전면 중단하였고, 동년 5월 중 신규 대주마저 중단하였다. 86년 8월경 융자 잔고의 상환이 완료되고, 동년 9월 중에는 대주 잔고의 상환도 완료되었다. 그 후 1996년 3월 규제 완화 조치와 유통 시장 약세로 1986년 3월 이후 10년 동안 중단되었던 증권 유통 금융이 재개되었으나, 유통 금융 대주는 주식 유통 시장의 약세로 아직 재개되지 않고 있다.

〈표 2.5〉 우리나라 신용 거래 잔고와 증권 유통 금융 잔고

(단위: 백만 원, %)

구 분 연 도	신용 거래		증권유통금융		제 비율		
	융자잔고 (A)	대주잔고 (B)	융자잔고 (C)	대주잔고 (D)	C+D/ A+B	C/A	D/B
1985	203,747	3,745	78,929	3,409	39.7	38.7	91.0
1986	17,798	1,049	–	–	–	–	–
1987	177,601	1,167	–	–	–	–	–
1988	1,429,303	1,030	–	–	–	–	–
1989	2,277,986	4,416	–	–	–	–	–
1990	1,255,334	–	–	–	–	–	–
1991	1,554,966	–	–	–	–	–	–
1992	1,567,886	–	–	–	–	–	–
1993	1,670,673	–	–	–	–	–	–
1994	1,777,086	11,100	–	–	–	–	–
1995	2,166,636	40,146	–	–	–	–	–
1996	2,773,956	34,673	507,642	–	18.1	18.3	–
1997	1,560,202	31,910	284,002	–	17.8	18.2	–

〈표 2.5〉에서 알 수 있듯이 재개된 증권 유통 금융 융자는 연평잔으로 전년에 비해 142.9% 증가한 5,435억 원이 이루어졌으나, 연말 잔액은 연간 총 융자 신규 규모가 4조 7,031억 원, 상환은 4조 9,268억 원으로 전년에 비해 44.1% 감소한 2,840억 원이 되었다. 연평잔의 증가에도 불구하고 연말 잔액이 이렇게 감소한 것은 연말에 금융 기관의 신용 공황으로 일시적인 증권 유통 금융 업무의 중단이 있었기 때문이다.

5. 신용 거래의 규제

신용 거래에 관한 규제는 증권 거래법에서 규제 근거를 마련하고, 동 규정에 의하여 금융 감독 위원회가 시장 여건에 따라 구체적인 규제

조치를 취하도록 하고 있다. 또한 우리나라는 증권 회사와 고객 간의 신용 거래 그리고 증권 금융 회사와 증권 회사 간의 증권 유통 금융이라는 이중 구조로 이루어져 있기 때문에, 신용 거래 전반에 대해서는 금융 감독 위원회가 규정하는 「증권 회사의 신용 공여에 관한 규정」에 의하여 규제하고, 증권 회사에 대한 신용 공여와 관련한 규제는 증권 금융 회사의 「대출 업무 규정」에 의하여 규제하고 있다.

증권 거래법 제49조 2항에서, 신용 공여의 방법과 내용에 관해서는 재정경제부령으로 정한다는 것을 명시하였으며, 3항에서는 신용 공여에 관하여 금융 감독 위원회가 한도와 담보의 비율 및 징수 방법 등에 관한 규정을 정하여야 한다고 하였다. 이에 따라 금융 감독 위원회는 「증권 회사의 신용 공여에 관한 규정」을 제정하여, 신용 거래 종목, 신용 거래 한도, 신용 거래 보증금, 담보의 징구, 임의 상환 정리, 이자의 징수 등에 관한 사항을 규정하고 있다.

신용 거래 보증금률은 대부분의 나라에서 신용 거래를 규제하는 중요한 수단으로 이용되고 있으며, 우리나라도 이를 신용 거래의 규제 수단으로 활용하여 왔다. 종전의 우리나라의 신용 거래 보증금률은 40% 였으며, 증권 관리 위원회 위원장이 그 비율을 변경하거나 또는 종목별로 그 비율을 달리할 수 있었다. 그러나 1998년 3월 2일자로 개정·시행된 금융 감독 위원회 규정에 의하여 신용 거래 보증금률은 최저 40%로 하되, 증권 회사가 그 율을 변경하거나 종목별로 그 율을 달리할 수 있도록 규정하고 있다. 또한 매수 또는 매도별로 대용 증권으로 갈음할 수 있는 비율을 증권 회사의 자율에 맡겼다. 이때 증권 회사는 신용 거래 융자를 수탁함에 있어, 신용 거래 보증금 중 대용 증권으로 갈음할 수 있는 비율을 제외한 현금 납부 해당액은 위탁자의 당해 매수 대금에 충당하여야 한다.

우리나라는 투기적인 과다한 신용 거래 방지를 위해 신용 거래 한도를 규정하고 있었다. 종전의 신용 공여 규정은 신용 공여 한도에 관하여 종목별, 증권 회사별로 한도를 두고, 투자자 1인의 신용 거래 이용 규모에 대하여 제한하고 있었다. 이와 같은 엄격한 신용 거래 한도의 제한은 외국에서 볼 수 없는 제도로서, 우리나라의 경우 증권시장 규모 및 종목별 규모가 협소하여 투기 가능성이 높기 때문이었다. 그러나 1998년 4월 1일부터 증권 회사별 및 투자자 1인당 신용 거래 한도 규제는 폐지되었다.

증권 금융 회사는 증권 회사에 대하여 증권 유통 금융 융자의 총 한도를 정하고, 증권 회사별로 일정한 비율에 따라 융자 한도를 정하여 대출하고 있다. 현재 증권 유통 금융 총 한도는 7,000억 원이며, 증권시장의 여건 변화에 따라 이 총 한도를 축소 또는 확대함으로써 신용 거래를 규제하는 중요한 수단으로 활용하여 왔다.

이와 같은 신용 거래 규제의 제 수단 중 지금까지의 주요 규제 조치로서는 증권 회사 자기 신용 한도의 변경, 신규 신용 거래의 중지, 신용 거래 보증금률의 변경과 증권 유통 금융 한도의 변경 등이 있다. 1986년 이후 주요 규제 조치 내용을 보면 〈표 2.6〉과 같다.

〈표 2.6〉은 1986년 이후 신용 거래에 대한 규제와 해제 조치를 요약한 것으로 자료는 증권감독원 「資本市場年報」를 참조하였다.

〈표 2.6〉 우리나라 신용 거래에 관한 주요 규제 및 해제 조치

구 분 연 월 일	조치의 성격	내 용
'86. 3. 7	규 제	유통 금융 신용 공여 중지
4. 14	규 제	신용 거래 보증금률 변경 (현금 20%, 대용 20%→현금 40%, 대용 20%) 증권 회사별 개인별 융자 한도 변경 (5,000만 원→3,000만 원)
5. 8	규 제	유통 금융 대주 중지
6. 27	규 제	증권 회사 신용 거래 융자 한도 변경 (자기 자본 100%→80%) 증권 회사 신용 거래 융자 한도 변경 (자기 자본 80%→60%)
7. 5	규 제	신용 거래 보증금률 변경(현금 40%, 대용20%→60%) 증권 회사 신용 거래 융자 한도 변경 (자기자본 60%→40%)
7. 25	규 제	신용 거래 보증금률 변경(현금 60%→현금 80%)
'87. 11. 18	규제 해제	신용 거래 보증금률 변경 (현금 80%→현금 30%, 대용 30%) 증권 회사 신용 거래 융자 한도 변경 (자기 자본 40%→60%) 증권 회사 개인별 융자 한도 변경 (3,000만 원→5,000만 원)
'88. 2. 1	규 제	신용 거래 보증금률 변경 (현금 30%, 대용 30%→현금 60%)
2. 5	규 제	신용 거래 보증금률 변경 (현금 60%→현금 80%)
2. 8	규 제	신용 거래 전면 중지 (증권 회사 자율 결의에 의해)
4. 29	규제 해제	신용 거래 보증금률 변경 (현금 100%→현금 40%)
12. 24	규 제	신용 거래 보증금률 변경 (현금 40%→현금 60%)
'89. 6. 3	규제 해제	신용 거래 보증금률 변경 (현금 60%→현금 40%)
12. 12	규제 해제	신용 거래 보증금률 변경 (현금 40%→대용 40%)

구 분 연 월 일	조치의 성격	내 용
'90. 3. 14	증시 부양	신용 거래 대상 종목 확대 (1부 종목(자본금 10억 미만, 증권 회사 제외) →1부 종목(증권회사 자기 발행 주식 취급제외))
4. 26	규 제	신용 거래 보증금률 변경 (현금 40%→현금 20%, 대용 20%)
5. 16	규 제	신용 거래 대주 중지
9. 20	규 제	신용 거래 보증금률 변경 (현금 20%, 대용 20%→현금 40%)
'92. 11. 26	규 제	신용 거래 계좌 설정 보증금 인상 (10만 원→100만 원)
'94. 1. 14	규제 해제	신용 거래 대주 재개
'95. 5. 1	규제 해제	증권 회사 개인별 한도 증액 (융자 5,000만, 대주 2,000만→융자 1억, 대주 5,000만)
8. 1	규제 해제	신용 공여 이자율의 자율화 (융자 연 11.0%, 대주 연 4.0%→자율화)
'96. 9. 1	규제 해제	신용 거래 대상 종목 확대 (시장 1부 종목→1부, 2부 종목) 종목별 대주 한도 확대(상장 주식 수 10%→20%) 증권 회사별 동일인 대주 한도(5,000만→1억 원) 증권 회사별 종목별 융자 및 대주 한도 (종목별 한도의 10% 폐지) 신용 거래 기간(150일 이내→폐지)
'98. 3. 2	규제 해제	신용 거래 보증금률과 유지 보증금률 자율화 →각 증권사가 결정(보증금률은 최저 40%)
'98. 4. 1	규제 해제	회사별 및 개인별 융자 및 대주 한도 폐지 →각 증권사의 자율화

6. 공매에 대한 정보

미국의 경우 공매와 관련된 정보는 개별 주식에 대한 미결제 잔고 (short interest)의 총량만이 월별로 발표되고 있다. 따라서 공매 거래가 거래 시점에 투명(transparent)하지 않을 뿐만 아니라, 거래 자체가 아

닌 월별 숏 포지션의 변동만을 관찰할 수 있다. 이에 비하면 우리나라
의 경우 공매 거래에 대한 정보는 매우 투명한바, 전체 대주 잔고 및
종목별 대주 잔고를 컴퓨터 단말기를 통하여 항상 알 수 있다. 그리고
대주 주문은 일반 주문과는 구분하여 내므로, 거래소에서는 건별로 대
주 여부를 파악할 수 있다. 따라서 사후적으로 모든 거래와 주문에 대
하여 공매 여부를 구분할 수 있다.

신용 거래에 의한 대주는 개인만이 가능한데, 기관 투자자는 1996년
9월부터 실시되고 있는 유가 증권 대차 거래 제도를 이용하여 증권 예
탁원으로부터 주식을 빌려 공매를 할 수 있다.[20]

그러나 이 제도는 유가 증권의 결제 이행을 원활히 하고, 주가지수
차익 거래를 지원하는 것이 목적이며, 그 규모도 미미하다. 여기서 사용
하고 있는 자료에는 이 사항에 대한 내용이 없다. 대차 거래의 용도가
주로 위와 같이 비정보 거래의 성격을 띠고, 또한 개인 투자자의 거래
비중이 80% 이상이 되는 우리 시장에서는 이를 무시하더라도 큰 문제
는 없으리라 본다.

또한 공매 거래를 한 후 그날 장 종료 전까지 매수 상환을 할 수 있
으면, 당일의 공매 거래가 가능하여 대주가 아니더라도 공매를 할 수
있는 길은 있다. 그러나 이 역시 누구나 할 수 있는 것은 아니고, 증권
회사와의 신용도가 우량한 투자자이거나, 증권 회사 브로커들의 일임
매매 시 발생하는 예외적인 일로 거래소에서도 그 거래의 공매 거래
여부를 알지 못한다. 그리고 그 규모도 매우 적은 것으로 추정되고, 본
연구에서 사용하는 자료에도 역시 그 내용을 포함하고 있지 않으므로,
이 연구에서는 고려하지 않았다.

---

20) 金大洙(1996) 참조.

제3장 공매 주문과 거래에 대한기술 통계 분석

제1절 자 료

본 연구에서 사용되는 자료는 거래 제도의 많은 변경이 있었던 1996년 11월 25일을 기점으로, 1997년 12월 27일까지 320거래일 동안 공매 주문과 거래를 포함하고 있는 전 종목에 대한 일중 자료이다. 이는 최근 서울 대학교 증권 금융 연구소에서 발간한 'IFB/KSE 거래 자료(IFB/KSE transactions database)' CD-ROM으로부터 얻을 수 있었다. 'IFB/KSE 거래 자료'는 표본 기간 중의 모든 주문과 거래의 내역을 담고 있어, 기존 연구들에서 사용된 어느 거래 자료보다도 완전하며 풍부한 내용을 담고 있다.

모든 주문과 거래의 레코드는 100분의 1초의 시간까지 구분되며, 주문 자료는 접수순으로 거래 자료는 체결순으로 가격과 수량이 표시됨은 물론, 주문과 거래 유형을 구분하는 필드와 어떤 매수 주문과 어떤 매도 주문이 거래를 발생시켰는지에 대한 식별 지표도 있다. 뿐만 아니라, 1996년 11월 25일 이후의 자료에서는 모든 거래와 주문이 신용 유형별(일반, 자기 융자, 자기 대주, 유통 융자)로 구분이 가능하며, 투자자 유형(개인, 외국인, 기관(증권, 투신, 보험, 은행, 종금, 기금, 국가))에 관한 정보도 담고 있다.

특히 거래 자료는 각 거래를 구성하는 매수 주문 및 매도 주문의 접수 번호를 포함하고 있으므로, 각 거래의 방향을 정확히 알 수 있다. 따라서 미국 자료에 대해 'tick test'를 이용하여 거래의 방향을 추정하는 Lee and Ready(1991)의 방법을 이용할 필요가 없을 뿐만 아니라, 그 정확성에 있어서도 우리의 자료가 우위에 있다.

다만 주의할 점은 딜러나 스페셜리스트와 같은 시장 조성인이 없는 우리의 주문 주도 시장에서는 작은 거래 물량도 최우선 호가의 주문 잔량으로 거래가 충족되지 않은 경우가 자주 발생한다. 즉, 하나의 주문이 나뉘어져 여러 번 거래가 체결된 것처럼 기록되는 경우가 빈번하다. 이는 최우선 호가 수량을 초과하는 시장가 주문의 경우에 발생한다. 이 경우 이 주문은 서로 다른 가격으로, 서로 다른 상대방과 여러 개로 나누어서 거래가 체결되지만, 이런 거래는 하나의 거래로 보는 것이 타당하다. 이 문제를 해결하기 위하여 매수 주문 접수 번호와 매도 주문 접수 번호를 비교한 뒤 후착 주문의 접수 번호가 동일한 거래들을 통합하여 하나의 거래로 보고, 통합 거래의 체결가는 개별 거래의 체결가를 체결 수량으로 가중한 평균값을 사용하였다(최혁(1996)).

그리고 동시 호가 주문과 거래는 접속 주문과는 그 성격을 달리하므로 제외하였다.

제2절 공매의 기본 특성 분석 결과

1. 공매 발생 종목의 기초 통계

〈표 3.1〉에는 1996년 11월 25일부터 1997년 12월 27일까지 전체 320 거래일 중에 공매가 가능한 제1, 2부 상장 종목을 대상으로 1996년 말 기준 시가 총액순 5개 그룹으로 나누어 그룹별 일평균 공매 비율(공매 거래량/총거래량), 공매 거래 빈도, 공매 거래량 등에 대한 통계치가 주어져 있다. 아시아 금융 위기가 시작된 1997년 10월 1일을 기준, 두 기간으로 나누어서 살펴보았다.

〈표 3.1〉은 1996년 11월 25일부터 1997년 12월 27일까지 전체 320거

래일 중에 공매가 가능한 제1, 2부 633개 상장 종목을 대상으로 1996년 말 기준 시가 총액순 5개 그룹으로 나누어 그룹별 일평균 공매 비율 (=(공매 거래량/총거래량)*100), 공매 거래 빈도, 공매 거래량 등에 대한 통계값들을 나타낸 것이다. 아시아 금융 위기가 시작된 1997년 10월 1일을 기준으로 두 기간으로 나누어서 살펴보았다.

〈표 3.1〉 시가 총액별 일별 평균 공매 통계

전체 기간(1996년 11월 25일-1997년 12월 27일)

시가총액기준구분	전체종목	공매발생종목	공매비율(%)	총거래빈도	공매거래빈도	총거래량	공매 거래량
1(smallest)	127	25	0.052	76	0.01	20,691	3
2	126	39	0.078	97	0.07	31,014	31
3	127	51	0.235	82	0.16	26,087	66
4	126	77	0.583	78	0.37	30,495	169
5(largest)	127	110	1.770	165	3.37	103,074	1,768
Total	633	302	0.545	100	0.80	42,309	408

기간 1(1996년 11월 25일-1997년 09월 30일)

시가총액기준구분	전체종목	공매발생종목	공매비율(%)	총거래빈도	공매거래빈도	총거래량	공매 거래량
1(smallest)	127	22	0.052	77	0.01	20,434	3
2	126	32	0.082	98	0.07	30,710	31
3	127	44	0.180	83	0.13	25,630	49
4	126	72	0.517	78	0.34	29,589	148
5(largest)	127	105	1.643	144	2.52	82,332	1,296
Total	633	275	0.496	96	0.62	37,763	306

기간 2(1997년 10월 1일-1997년 12월 27일)

시가총액기준구분	전체종목	공매발생종목	공매비율(%)	총거래빈도	공매거래빈도	총거래량	공매 거래량
1(smallest)	127	6	0.009	73	0.01	21,677	2
2	126	15	0.057	93	0.05	32,188	34
3	127	29	0.454	76	0.27	27,842	131
4	126	54	0.851	77	0.47	33,970	251
5(largest)	127	94	2.264	243	6.61	182,560	3,575
Total	633	198	0.730	113	1.49	59,731	801

관리 종목을 제외한 전체 633개 상장 종목 가운데 공매가 발생한 종목은 302종목으로 대략 절반 정도가 공매 대상 종목으로 운용되고 있다.

그리고 평균 공매 비율은 0.545%이며, 기업 규모가 클수록 공매 비율이 높음을 보이고 있다. 총 거래 빈도수는 일평균 100회인데, 공매 거래 빈도는 0.8회에 불과하다. 총 거래량은 일평균 42,309주임에 반해, 공매 거래량은 408주이다.

공매와 관련된 이러한 통계치들은 모두 기업의 규모와 양의 상관관계를 가지고 있음을 알 수 있다.

이는 현실적으로 증권 회사가 투자자에게 빌려주는 공매 종목 선정 시 고객 위주보다는 각 회사의 상품 운용 위주로 선정하여 운용하기 때문에(李敎春(1997)), 증권 회사의 포트폴리오 운용이 대형주 위주로 구성이 되어 있다는 반증이 된다. 또한 투자자 입장에서도 숏 포지션의 가능 손실은 무한대이므로 유동성이 매우 중요한 요인이 되어, 대형주 위주의 공매 투자가 이루어지고 있다는 것을 암시한다.

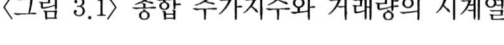

〈그림 3.1〉 종합 주가지수와 거래량의 시계열

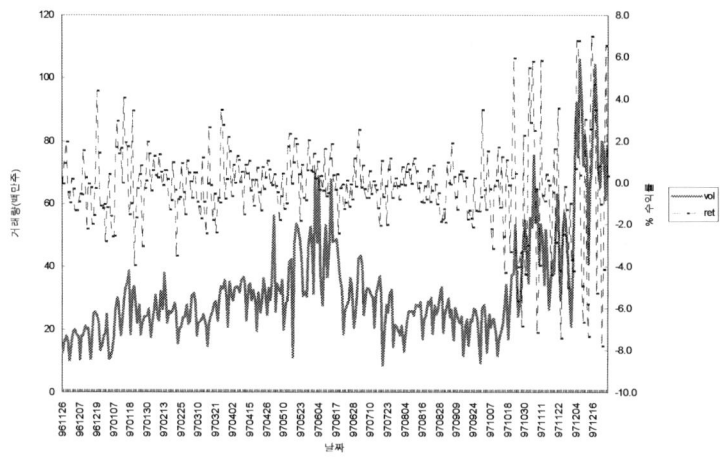

하위 기간을 둘로 나눈 이유는 〈그림 3.1〉-〈그림 3.4〉로 설명이 가

능하다. 〈그림 3.1〉은 1996년 11월 25일부터 1997년 12월 27일까지의 종합 주가지수 수익률과 거래량의 시계열을 나타낸 것이다.

아시아 금융 위기가 본격적으로 우리 주식시장에 영향을 미치기 시작한 1997년 10월 1일을 기준으로, 그 후의 주가 변동성과 거래량이 전과 비교할 수 없을 정도로 다른 양상을 띠게 되어 동일한 구간으로 함께 분석하는 것은 무리라 하겠다.

〈그림 3.2〉 일별 총 공매 거래량의 시계열

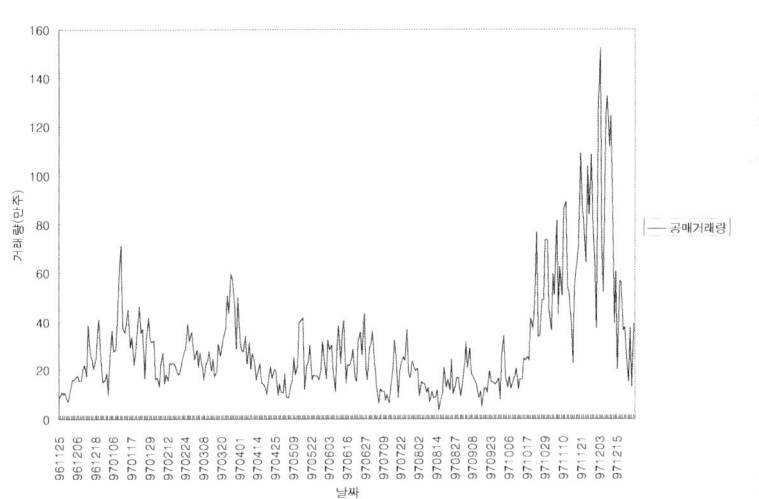

〈그림 3.2〉는 같은 기간 동안의 전체 633종목에 대한 일별 총 공매 거래량의 시계열을 나타낸 것으로 금융 위기 이후 공매 거래량이 급격히 증가하였음을 알 수 있다.

물론 〈그림 3.1〉에서 본 것처럼 그 기간 동안 총거래량도 증가하였지만, 〈그림 3.3〉에서 보는 바와 같이 총거래량으로 표준화한 공매 비율도 확연한 증가세를 띠고 있다.

<그림 3.3> 일별 평균 공매 비율의 시계열

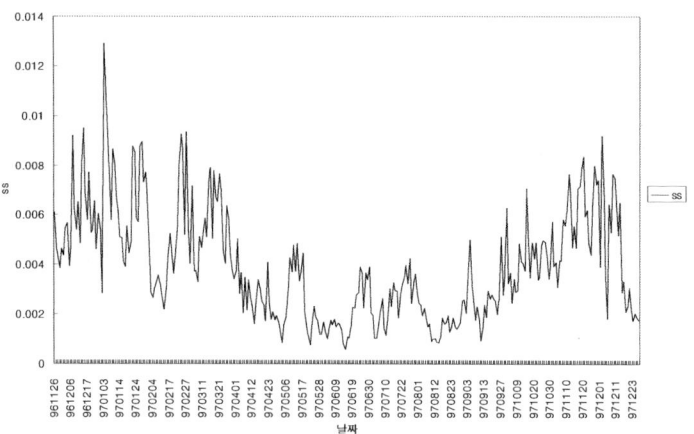

공매 비율(ss)은 각 종목(N)별로 그날의 총거래량(tt) 중에서 공매 거
래량(st)이 차지하는 비율을 나타낸 값으로 다음과 같이 구해진다.

$$ss_t = \frac{\sum_{i=1}^{N} \dfrac{st_{it}}{tt_{it}}}{N}$$

보다 극명하게 나타나는 차이는 〈그림 3.4〉의 일중 KOSPI 200지수
의 수익률 패턴에서 볼 수 있다. 〈그림 3.4〉는 1996년 11월 25일부터
1997년 12월 27일까지의 KOSPI 200지수 수익률의 일중 패턴을 나타낸
것으로, 1분 단위로 공시되는 KOSPI 200지수의 로그 수익률의 일중 패
턴을 금융 위기 전후 두 기간으로 나누어 비교하였다. 1분 간격의
KOSPI 200지수의 수익률 패턴이 기간 1과 기간 2에서 현격한 차이를
보이고 있다. 이렇게 두 기간이 매우 다른 성격의 구간임을 알 수 있는
바, 두 기간을 나누어서 분석함이 타당하다. 일중 패턴을 구함에 있어

종합 주가지수의 1분 간격 지수를 구할 수 없어 KOSPI 200지수를 대용치로 사용하였다.

〈그림 3.4〉 KOSPI 200지수 수익률의 일중 패턴

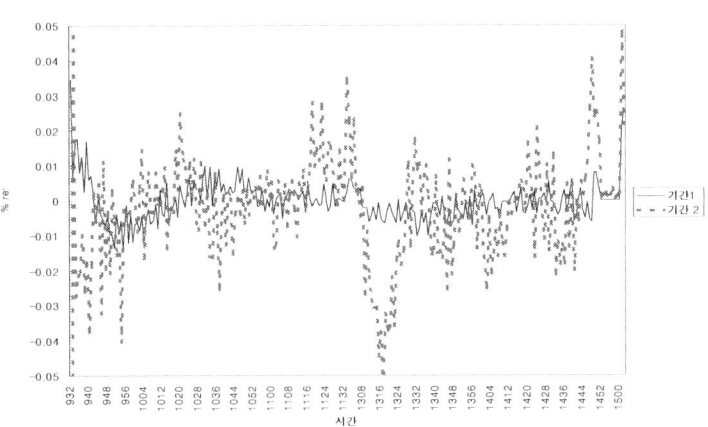

〈표 3.1〉의 하위 기간 통계에서도 기간 1에 비하여, 기간 2의 공매 거래 빈도수와 거래량이 2배 이상이 된다. 이는 주가 하락기를 맞아 투자자들의 공매 투자가 급증한 것을 나타낸다.

2. 최종 표본의 기초 통계

관리 종목을 제외한 전체 633개 상장 종목 가운데 한 건이라도 공매가 발생한 종목은 302종목임을 〈표 3.1〉로부터 알 수 있다. 최종 표본은 다음과 같이 구성하였다.

1996년 11월 25일부터 1997년 12월 27일까지 320거래일 동안 공매 거래가 발생한 총 302개 1, 2부 상장 종목 중에서 20거래일 미만으로

공매 거래가 존재하거나, 표본 기간 중 관리 종목에 편입, 또는 상장 폐지된 경우, 그리고 기간 중에 신규 상장된 종목을 제외한 보통주 186종목만을 최종 표본으로 삼았다.

〈표 3.2〉에서 이 최종 표본에 대해 시가 총액 순위 그룹별로 일평균 공매 비율(공매 거래량/총거래량), 공매 거래 빈도, 공매 거래량 등에 대한 통계치를 구하였다. 조건을 충족한 종목은 총 186종목으로, 규모가 가장 작은 제1그룹에서는 한 종목만이 선정되었고, 규모가 가장 큰 제5 그룹은 총 127종목 중에서 94종목이 조건을 충족하였다.[21] 〈표 3.1〉의 전체 표본과 마찬가지로 기업 규모가 클수록 공매가 활발히 이루어짐을 알 수 있다.

〈표 3.2〉에서도 역시 기간을 둘로 나누었는데, 〈표 3.1〉에서 얻은 결과와 유사하다.

그리고 각 그룹 중 KOSPI 200지수에 포함되는 종목의 수라는 항목을 추가하였다. '지속'은 표본 기간 중 내내 KOSPI 200지수에 포함됨을 의미하고, '변동'은 기간 중 신규 진입 내지 탈락한 종목의 수를 의미한다. 186종목 중에 기간 중 지속적으로 KOSPI 200지수에 포함된 종목은 114개로 60%가량을 차지하고 있고, 기간 2에서는 124개로 67%를 차지하고 있다. 이는 위험이 증대된 상황에서는 비교적 대형 우량주에 공매 투자 비율을 늘리고 있음을 의미한다.

〈표 3.2〉는 1996년 11월 25일부터 1997년 12월 27일까지 320거래일 동안 공매가 가능한 상장 주식(관리 종목을 제외한 1, 2부 종목)들을 1996년 말 기준 시가 총액순 으로 5개 그룹으로 나눈 뒤, 각 그룹에서

---

21) 공매 거래의 많은 부분이 규모가 큰 기업에서 발생하고 있기 때문에, 만일 186종목을 시가 총액별로 5개 그룹으로 나누게 되면, 거의 원래의 제4, 5 그룹에 해당되는 종목들로만 다시 5개 그룹으로 나누는 결과가 되므로, 규모의 효과를 분석하기에 적절하지 않다. 따라서 최종 표본의 각 그룹별 종목 수가 다르다.

공매가 발생한 날 수가 20거래일 이상인 보통주들로 구성하였다. 표본 기간 중 상장, 상장 폐지, 또는 관리 종목으로 편입된 종목은 제거하였다. 항목들의 계산 방법은 〈표 3.1〉의 경우와 동일하고, 각 그룹 중 KOSPI 200지수에 포함되는 종목의 수를 추가하였다. '지속'은 표본 기간 중 내내 KOSPI 200지수에 포함됨을 의미하고, '변동'은 기간 중 신규 진입 또는 탈락한 종목의 수를 의미한다.

〈표 3.2〉 표본 종목의 공매 통계량

전체 기간(1996년11월 25일-1997년 12월 27일)

시가총액	표본종목	공매비율(%)		인중거래빈도		공매빈도		일별거래량		공매 거래량		kospi200종목 수	
		mean	median	mean	median	mean	median	mean	median	mean	median	지속	변동
1(smallest)	1	5.25	5.25	17	17	0.61	0.61	5,110	5,110	197	197	0	0
2	12	0.68	0.63	129	128	0.63	0.40	46,855	43,747	307	175	0	1
3	29	0.94	0.59	89	74	0.65	0.56	36,615	31,614	285	157	7	5
4	50	1.41	0.95	86	70	0.90	0.57	41,320	29,235	417	241	29	6
5(largest)	94	2.34	1.55	196	141	4.56	2.15	135,264	74,848	2,391	1,102	78	7
Total	186	1.78	1.05	145	105	2.69	0.89	88,226	43,876	1,386	334	114	19

기간 1(1996년11월 25일-1997년 09월 30일)

시가총액	표본종목	공매비율(%)		인중거래빈도		공매빈도		일별거래량		공매 거래량		kospi200종목 수	
1(smallest)	1	5.25	5.25	22	22	0.79	0.79	6,657	6,657	257	257	0	0
2	12	0.80	0.80	123	116	0.72	0.52	44,026	40,316	307	166	0	0
3	29	0.72	0.53	88	76	0.52	0.42	33,742	31,890	205	165	7	4
4	50	1.26	0.84	85	66	0.84	0.53	38,184	26,832	363	206	29	6
5(largest)	94	2.21	1.58	160	134	3.40	1.67	99,673	56,101	1,748	780	78	5
Total	186	1.65	0.99	125	97	2.07	0.78	68,774	38,273	1,034	269	114	15

기간 2(1997년10월 1일-1997년 12월 27일)

시가총액	표본종목	공매비율(%)		인중거래빈도		공매빈도		일별거래량		공매 거래량		kospi200종목 수	
1(smallest)	1	0.00	0.00	0	0	0.00	0.00	0	0	0	0	0	0
2	12	0.24	0.04	148	140	0.35	0.08	56,365	51,725	307	27	0	1
3	29	1.68	0.86	94	72	1.11	0.48	46,269	43,785	552	144	9	1
4	50	1.96	1.08	91	81	1.12	0.72	51,866	36,026	597	345	33	0
5(largest)	940	2.78	1.64	323	192	8.55	3.68	257,234	105,403	4,597	2,068	82	2
Total	186	2.22	1.16	211	117	4.80	1.40	154,239	56,684	2,578	565	124	4

3. 주문의 흐름(order flow)

여기에서는 일반적으로 하루 중의 주문의 흐름(order flow)에 관해 주문 자료를 가지고 우리나라 시장과 투자자들의 특성을 도출해 내보고자 한다.

(1) 주문의 유형에 따른 주문 빈도 분석

Biais, Hillion, and Spatt(1995)의 분류 방법에 의하면 주문(order placement)은 그 ①방향(direction)과 ②적극성(aggressiveness)에 따라 다음과 같이 분류할 수 있다.

먼저 매수 쪽은 적극성의 강도에 따라 6가지로 분류된다. 가장 적극적인 주문은 '다량 매수(large buy)'로 투자자가 현재 매도 호가보다 높은 가격으로, 그리고 매도 호가 수량보다 많은 수량으로 주문을 낸 경우이다. 이 경우 호가표(order book)의 호가와 수량 모두에 변동(walk up the book)이 있게 된다. 두 번째는 '소량 매수(small buy)'로 투자자가 현재 매도 호가보다 높거나 같은 가격으로 매도 호가 수량보다 적은 양의 주문을 낸 경우이다. 이상의 두 경우는 즉시 그리고 완전히 체결된다. 나머지 4가지는 즉시 체결되지 않을 주문으로, '매도 호가와 매수 호가 사이의 주문(new bid within the quotes)', '매수 호가와 같은 가격의 주문(new bid at the quotes)', '매수 호가보다 낮은 가격의 주문(new bid below the quotes)', 그리고 '매수 주문의 정정 또는 취소(cancel bid quotes)'로 나눌 수 있다.

매도 쪽 역시 이와 같은 방법으로 '다량 매도(large sell)', '소량 매도(small sell)', '매도 호가와 매수호가 사이의 주문(new ask within the quotes)', '매도 호가와 같은 가격의 주문(new ask at the quotes)', '매도

호가보다 높은 가격의 주문(new ask above the quotes)', 그리고 '매수 주
문의 정정 또는 취소(cancel ask quotes)'의 6가지로 분류할 수 있다.[22]

〈그림 3.5〉 주문의 유형에 따른 주문 빈도

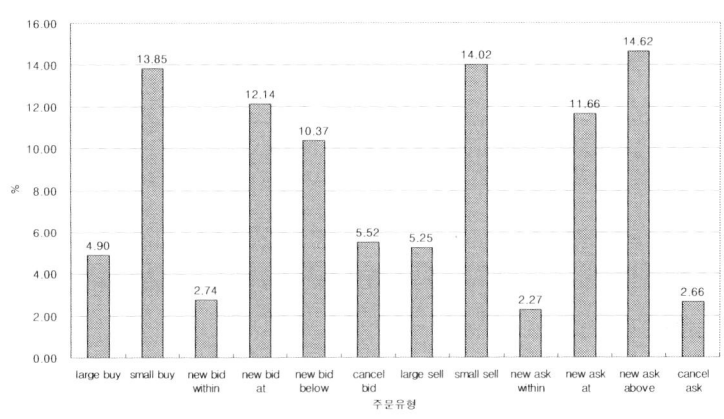

---

22) 예를 들어 호가표가 다음과 같은 상태라 하자.

매도수량	가 격	매수수량
100	11,000	
200	10,900	
150	10,800	
	10,600	300
	10,500	200
	10,400	800

이 경우 만일 10,800원 이상에 150주 이상의 매수 주문을 낸다면 이는 '다
량 매수(large buy)'이고, 10,800원에 150주 미만의 매수 주문을 내면 '소량
매수(small buy)', 10,700원에 매수 주문을 내면 '매도 호가와 매수 호가
사이의 주문(new bid within the quotes)', 10,600원에 매수 주문을 내면
'매수 호가와 같은 가격의 주문(new bid at the quotes)', 그리고 10,500원
이하로 매수 주문을 내면 '매수 호가보다 낮은 가격의 주문(new bid
below the quotes)'이 된다.

이와 같이 12개 유형의 주문과 거래를 정의하고 그 특성을 분석한 결과가 〈그림 3.5〉에 나타나 있다. 〈그림 3.5〉는 1996년 11월 25일부터 1997년 12월 27일까지의 186종목의 모든 접속 주문을 12가지의 유형별로 나누어 그 발생 빈도 비율을 나타낸 것이다.

주문 형태 중 가장 빈번한 사건은 소량 거래(small trades)이다. 매도와 매수측의 소량 거래를 합하면, 대략 27.9% 정도를 차지한다. 이는 소액 투자자가 많다는 증거가 될 수 있고, 또는 시장의 충격을 완화하고자 주문을 나누어 내는(Order splitting) 투자자의 행태를 엿볼 수 있는 증거라 할 수 있다(Kyle(1985)).

그 다음으로는 호가와 같은 가격(at the quote)과 최우선 호가 바깥쪽의 주문이 많다. 미국의 뉴욕 증권거래소(NYSE)를 대상으로 연구한 Harris and Hasbrouck(1992)에 의하면, 최우선 호가 바깥쪽의 지정가 주문(limit order)은 자주 발생하지 않는다는 것을 발견했는데, 우리나라 시장에서는 볼 수 없는 현상이다. 특히 매도측의 경우는 최우선 호가 바깥쪽의 주문(new ask above)이 가장 많은데, 이는 미국 시장과 우리 시장의 미시 구조(microstructure)의 차이에서 기인한다고 생각할 수 있다. 미국의 경우 스페셜리스트(specialist)라는 이름의 딜러가 항시 최우선 매도 호가와 매수 호가를 제시하고, 투자자들이 그에 따라 주문을 내면 특별한 경우를 제외하고는 딜러는 그 주문에 응한다. 그러기 위해서는 호가 수량(depth)이 상대적으로 두텁게 유지가 되어야 할 것이다. 따라서 최우선 호가 바깥쪽의 주문을 내면 시장이 급변하는 경우를 제외하고는 잘 체결이 안 될 것이므로, 그러한 주문은 비교적 적을 것으로 생각된다.

반면 딜러가 없이 다수의 매도자와 다수의 매수자가 경쟁적으로 주문을 내어 거래를 체결하는 전산화된 시장을 갖고 있는 우리의 경우는 개개 투자자들이 호가를 제시하게 되므로, 최우선 호가의 수량이 상대적으로 엷어, 최우선 매도 매수 호가가 자주 변동하기 쉽다. 따라서 투자자들은 확신이 없을 경우, 즉시 체결되는 주문보다는 최우선 호가 바깥쪽의 주문을 낸 뒤, 호가 변동을 기대하여 보다 유리한 가격에 체결되기를 바랄 것이다. 미국 시장과는 달리 최우선 호가의 바깥쪽의 주문 유형이 많이 발견되는 이유는 바로 이러한 시장 미시 구조의 차이 때문이라 할 수 있다.

그리고 매도 호가와 매수 호가 사이의 주문이 매우 적은데, 우리와 시장 구조가 유사한 프랑스 증권시장을 대상으로 한 Biais, Hillion, and Spatt(1995)의 결과에 의하면, 매수 매도측 합해 대략 20% 정도가 매도 호가와 매수 호가 사이의 주문인데 반해, 우리의 경우는 5%에 불과하다. 이는 호가 스프레드가 매우 작아, 매도 호가와 매수 호가 사이의 주문을 물리적으로 낼 수 없는 경우가 많음을 의미한다. 호가와 같은 가격(at the quote)의 주문 유형이 꽤 많이 존재하는 것이 이를 증명하고 있다. 우리나라의 호가 가격 단위(tick size)가 너무 크기 때문일 가능성도 존재하나, 이 결과는 우리나라 시장에 대해 주문 자료가 아닌 거래 자료를 통해 간접적으로 함축 스프레드(implied spread)를 구한 최혁(1996)의 결과와 상통하고, 따라서 우리나라 시장이 매우 효율적인 시장임을 알 수 있는 하나의 증거라 할 수 있다.

(2) 직전 주문과의 관계 분석

〈표 3.3〉은 1996년 11월 25일부터 1997년 12월 27일까지의 320거래일 동안 186종목의 주문에 대하여 직전 주문이 주어졌을 때, 12가지 주문 유형별 발생 빈도 비율을 나타낸다. 각 열은 t-1시점의 주문을 의미하며, 합하면 100%가 되는 일종의 확률 벡터이다. 각 행은 t시점의 주문을 의미한다. 따라서 t시점의 주문 유형을 종속변수, t-1시점의 주문의

유형을 독립변수로 놓고 직전의 주문이 어떠할 때 어떤 주문이 많이
나오는지에 대해 분석해 보았다. 이러한 해석상의 효과를 위하여 각 행
마다 비율 상위 3개씩을 진하게 표시하였다.

〈표 3.3〉으로부터 얻을 수 있는 가장 뚜렷한 특징은 3개를 제외한 나
머지 9개의 대각선상에 있는 숫자들이 같은 행의 다른 숫자들보다 크
다는 것이다. 이른바 '대각 효과(diagonal effect)'라 할 수 있는 이 현상
은 이를테면 소량 거래 다음에는 같은 소량 거래가 많이 나타나고, 즉
시 체결되지 않을 지정가 주문 다음에는 역시 지정가 주문이 많이 나
오며, 취소 주문 다음에는 취소 주문이 많이 나온다는 것이므로, 주문에
양의 계열 상관(positive serial correlation)이 존재한다는 것을 의미한다.

〈표 3.3〉 직전 주문에 따른 주문의 유형별 발생 빈도

t-1	ⓐ	ⓑ	ⓒ	ⓓ	ⓔ	ⓕ	ⓖ	ⓗ	ⓘ	ⓙ	ⓚ	ⓛ
ⓐlarge buy	4.2	6.6	3.9	22.4	15.5	5.5	8.9	12.7	3.2	4.4	10.4	2.4
ⓑsmall buy	8.2	28.4	2.6	8.2	7.9	4.0	3.5	9.4	1.7	11.5	11.4	3.0
ⓒnew bid within	4.7	11.7	4.1	10.1	20.6	5.1	8.0	10.3	3.5	8.1	11.3	2.6
ⓓnew bid at	4.4	10.9	2.8	26.5	10.3	6.8	2.5	14.4	1.6	6.5	11.3	2.1
ⓔnew bid below	4.1	12.0	2.7	12.4	21.3	5.6	5.5	12.7	2.0	7.2	12.0	2.4
ⓕcancel bid	4.8	10.8	2.7	14.3	9.6	16.6	4.2	11.0	2.4	7.7	13.8	2.1
ⓖlarge sell	8.9	13.6	4.1	4.4	5.9	3.8	4.8	7.7	3.9	22.2	18.1	2.7
ⓗsmall sell	3.2	9.2	2.3	10.9	8.6	4.0	9.0	27.8	2.4	8.9	11.4	2.0
ⓘnew ask within	7.3	9.4	4.1	8.0	8.2	5.1	5.5	13.5	2.9	10.6	23.2	2.3
ⓙnew ask at	2.3	15.5	2.1	6.8	6.4	3.8	5.4	12.5	2.3	26.5	13.7	2.7
ⓚnew ask above	4.9	11.5	2.3	9.3	8.4	5.4	4.3	12.3	2.1	11.2	25.8	2.4
ⓛcancel ask	4.7	16.2	3.1	9.4	8.9	4.4	5.2	11.3	2.2	11.3	12.3	11.1
unconditional	4.9	13.9	2.7	12.2	10.3	5.5	5.3	14.1	2.3	11.7	14.6	2.7

이러한 대각 효과는 주문을 나누어내는 전략과 관련이 있다. 시장에의
충격을 완화하고자 주문을 나누어 내거나, 주식의 가치에 대한 좋은 정보

를 가지고 있는 내부 거래자(insider)의 경우, 사적 정보가 노출될 때까지 지속적으로 매입을 하는 것 등이 그 것이다. Easley and O'Hara(1987)는 이와 관련하여 시장에 좋은 정보(positive signal)를 가진 내부 거래자 (insider)가 존재할 때, 대량 매수가 이어지는 상황을 모형화하였다.

또한 호가에 영향을 줄 만한 뉴스가 공시되었을 때, 시장과 경제 상황을 주시하고 있는 투자자들이 거의 동시에 주문을 취소하는 경우 취소 주문이 이어지게 된다.

4. 공매 주문과 거래의 특징

여기에서는 앞서 행한 주문 분석에 대해 공매에 초점을 맞추어, 공매와 다른 신용 유형의 주문들을 비교하여 공매의 특징을 도출해 보도록 한다. 〈표 3.4〉는 1996년 11월 25일부터 1997년 12월 27일까지의 186종목의 주문을 신용의 4가지 유형과 주문의 12가지 유형으로 구분하여, 매수와 매도별로 각 신용 유형에 따른 주문의 발생 빈도 비율을 나타낸 것이다.

매수측은 보통 일반적인 일반 매수와 증권 회사로부터의 신용 융자인 자기 융자 매수, 증권 회사로부터 주식을 빌려 공매한 주식을 상환하기 위해 매수하는 자기 대주 매수 상환, 그리고 증권 유통 금융으로부터의 신용 융자인 유통 융자 매수로 구성된다. 매도측은 보통 일반적인 일반 매도와 증권 회사로부터 받은 신용 융자를 상환하기 위한 자기 융자 매도 상환, 증권 회사로부터 주식을 빌려 공매하는 자기 대주 매도, 그리고 증권 유통 금융으로부터 받은 신용 융자를 상환하기 위한 유통 융자 매도 상환으로 구성된다.

공매 주문이 다른 유형의 주문과 다른 점은 비교적 다량 매도가 적고, 취소 정정 주문이 많다는 것인데, 이는 공매가 일반 매도에 비하여 위험한 수익 구조를 가지고 있어, 공매 주문에서 소극적인 투자 행태를 보이고 있음을 알 수 있다. 즉, 즉시 체결되지 않을 지정가 주문을 낸 다음 가격 추이를 지켜보다가 체결이 안 되는 경우 적당한 시점에 그 주문을 정정하여 체결을 시키거나 취소하여 다음을 기약하는 조심스런 행태가 엿보인다. 공매를 상환하는 자기 대주 매수 상환에서도 즉시 체결되는 매수가 적고, 최우선 매수 호가 바깥쪽의 주문이 유난히 많은 것도 같은 맥락에서 이해할 수 있다.

〈표 3.4〉 주문의 신용 유형별 발생 빈도

매수측	일반매수	자기융자매수	자기대주매수상환	유통융자매수	계
large buy	9.27	12.80	6.77	12.08	9.89
small buy	28.53	26.86	19.21	26.40	27.96
new bid within	5.43	6.02	5.14	5.89	5.54
new bid at	25.08	22.89	20.40	22.69	24.52
new bid below	21.18	17.84	38.79	18.63	20.94
cancel bid	10.51	13.59	9.69	14.31	11.15
매도측	일반매도	자기융자매도상환	자기대주매도	유통융자매도상환	계
large sell	9.99	12.07	8.77	11.69	10.41
small sell	28.95	24.18	24.15	23.96	27.77
new ask within	4.50	4.43	4.86	4.36	4.49
new ask at	23.30	22.72	19.70	22.68	23.09
new ask above	28.80	29.33	29.84	29.98	28.97
cancel ask	4.46	7.28	12.68	7.32	5.27

이상의 내용을 시각적으로 알기 쉽게 나타낸 그림이 〈그림 3.6〉이다.

좀 더 보기 좋게 나타내기 위하여 12개의 주문 유형을 다음과 같이 6개로 묶어 표현하였다. 즉시 체결되는 주문인 다량 거래와 소량 거래를 합쳐 '시장가 주문'(market order), 그리고 즉시 체결이 안 되는 주문인 나머지 세 경우를 합쳐 '지정가 주문'(limit order), 그리고 '취소 정정 주문'(cancellation order)으로 분류하여 매도 매수 각각 3개씩의 주문 유형으로 분류하였다.

〈그림 3.6〉은 1996년 11월 25일부터 1997년 12월 27일까지의 186종목의 주문을 신용의 4가지 유형과 매도 매수 주문 각각 3가지 유형으로 구분하여, 매수와 매도별로 각 신용 유형에 따른 주문의 패턴을 나타낸 것이다.

〈그림 3.6〉 주문의 신용 유형별 패턴

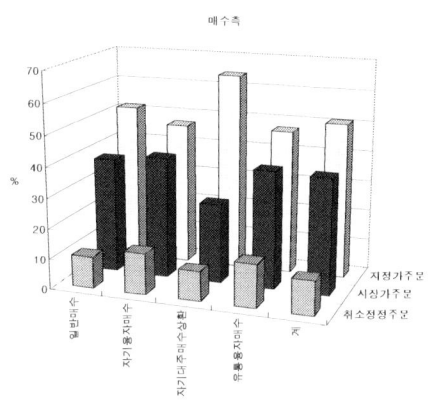

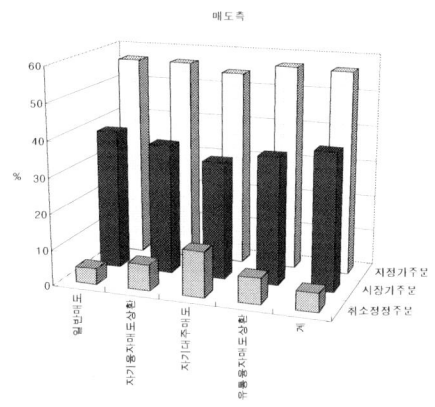

Glosten(1994)은 지정가 주문형 시장(limit order market)의 투자자들을 크게 인내형(patient) 투자자와 성급형(impatient) 투자자로 나눈다. 인내형 투자자는 즉시 거래가 될 수 없는 지정가 주문을 내어 시장 가격이 유리하게 변할 때를 기다리는데, 이들이 시장에 유동성을 공급하는 역할을 한다.[23] 성급형 투자자는 즉시 거래가 이루어질 시장가 주문을 내어 유동성을 소비한다. 여기서의 시장가 주문이 곧 성급형 주문을 의미하고, 지정가 주문이 곧 인내형 주문을 의미한다. 제도적인 의미에서의 시장가 주문은 모두 성급형 주문에 포함되지만, 제도적인 의미에서의 지정가 주문에는 인내형 주문을 포함함은 물론 일부 성급형 주문의 성격을 가진 것도 있으므로, 제도적인 분류 방식으로는 양자의 정확한 효과를 파악하기가 어렵다. 따라서 즉시 체결되는 성급형 주문은 모두 시장가 주문, 즉시 체결되지 않는 인내형 주문은 모두 지정가 주문으로 분류하는 것이 타당하고, 이하의 분석에서도 특별한 언급이 없는한 이에 따르기로 한다.

시장가 주문과 지정가 주문, 그리고 취소 정정 주문의 비율은 대략 38:54:8의 분포를 나타내고 있다.

5. 공매 주문과 거래의 일중 패턴

일반적으로 주문과 거래에 대해 U자 형태의 일중 패턴을 보인다.(Jain and Joh(1988), Biais, Hillion, and Spatt(1995)). 〈그림 3.7〉의 (A)는 1996년 11월 25일부터 1997년 12월 27일까지의 186종목의 주문을 시장가 주문과 지정가 주문으로 나누어, 하루 중 10분 간격의 주문의 빈도 패턴이고, (B)는 공매 주문만을 따로 추출하여, 같은 방법으로

---

23) 李濟行, 崔爀(1997)은 인내형 투자자는 역선택 비용과 수수료, 거래세, 거래에 따른 제반 비용 및 기회비용 등을 부담한다고 설명하였다.

공매 주문의 일중 패턴을 나타낸 것이다. 오전 장만 열리는 토요일과 동시 호가 주문은 제외하였다. 9:30-9:40 구간을 '0940'으로 시작해서 점심시간인 11:30-13:00 구간은 삭제하고, 14:40-14:50 구간을 '1450'으로 명명하였다. ○로 연결된 선은 지정가 주문, △로 연결된 선은 시장가 주문을 의미한다.

<그림 3.7> 주문의 일중 패턴

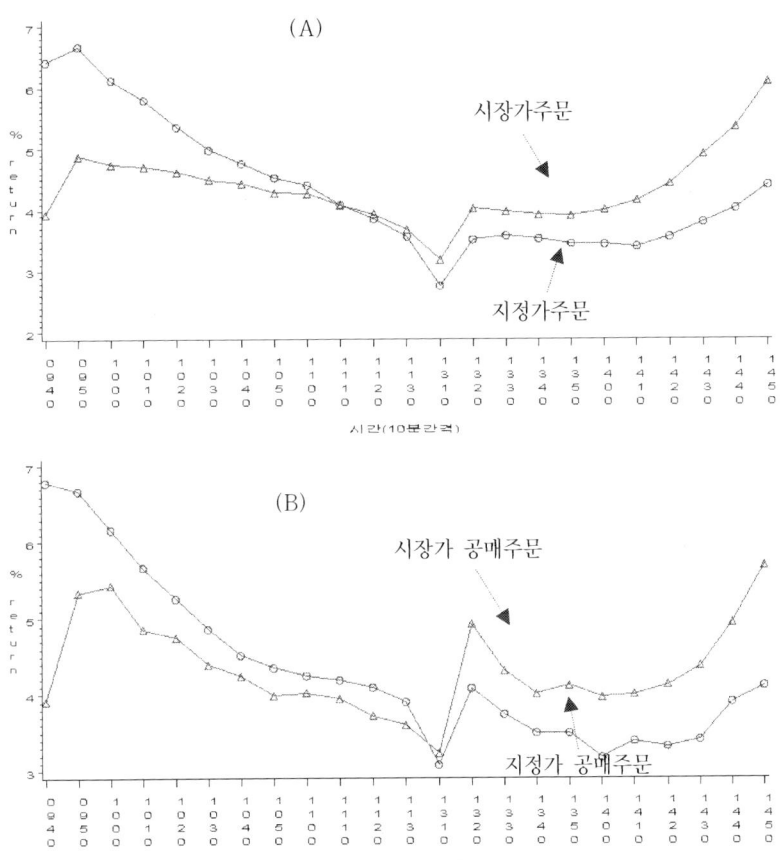

동시 호가 주문을 제외하였음에도 불구하고, 장 시작과 끝 무렵에 주문이 많은 전형적인 U자형 패턴을 보이고 있다. 특기할 만한 사실은 가격 발견(price discovery)이 늦은 오전에는 상대적으로 지정가 주문이 많아 탐색을 하고 있는 경향을 보여주며, 오후에 들어서면서 가격 발견을 확인하고, 즉시 체결시키는 시장가 주문이 증가하여, 마지막 구간에서는 시장가 주문이 지정가 주문을 압도하는 형태를 보인다. 이러한 행태는 대부분의 의견 합치가 협상의 마감(deadline)에 임박해서 이루어지는 '마감 효과(deadline effect)'와 유사하다. 이 마감 효과는 주로 비대칭 정보(asymmetric information)에 기인하는데, 거래 상대방이 가지고 있는 주식에 대한 정보 또는 상대방의 위험 회피도나 유동성 정도 등의 정보가 비대칭적이어서, 거래의 초반에는 서로를 탐색하려고 소극적으로 거래를 하다가 장 마감에 임박해서는 정보 비대칭이 점차 해소되어, 거래를 적극적으로 성사시키려 하는 것을 의미한다.

공매 주문과 거래 역시 (B)에서 보는 바와 같이 U자 형태의 일중 패턴을 보이고 있다. 전체 주문의 패턴인 (A)와 크게 다르지 않은 모습이다.

6. 공매 거래 전후의 시장 상황 분석

공매 거래가 일어난 시점을 전후로 시장 상황이 어떻게 움직이는지를 시장 미시 구조의 기초 변수들을 가지고 분석해 보기로 한다.

〈그림 3.8〉 공매 전후의 주식 수익률 패턴

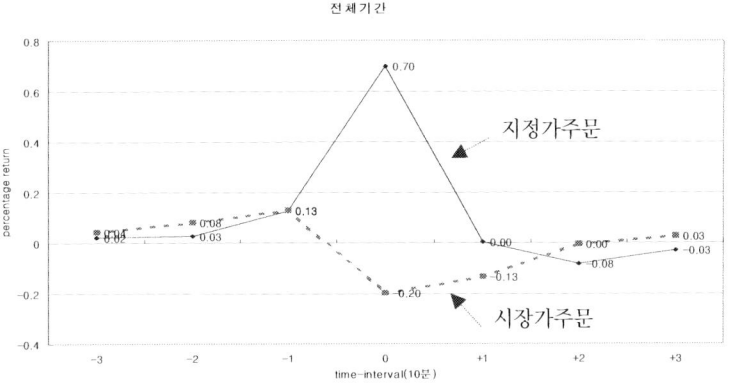

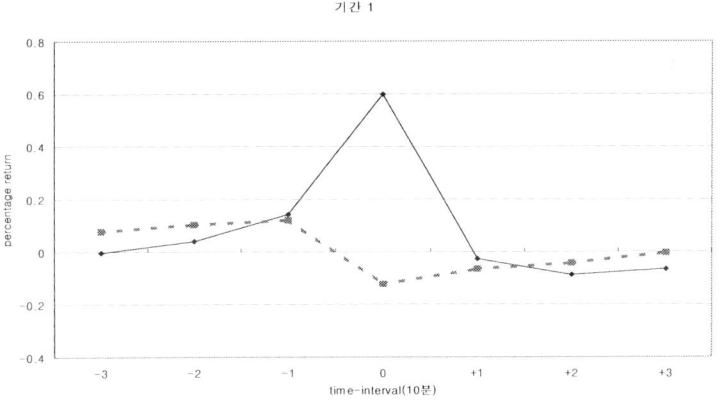

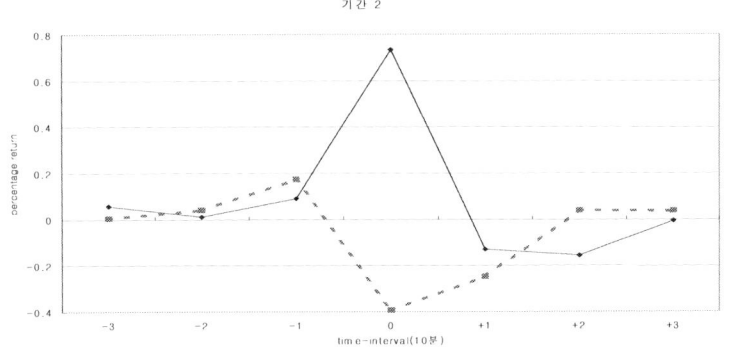

〈그림 3.8〉에서는 공매 거래를 전후한 주식 수익률의 움직임을 나타내는데, 1996년 11월 25일부터 1997년 12월 27일까지 320거래일 동안 186종목에 대한 체결 자료를 이용하여, 공매 거래를 각각 시장가 주문의 경우와 지정가 주문에 의한 거래로 나누어 공매 거래가 일어난 시간을 기준으로 전후 10분 간격으로 수익률을 구하였다. 토요일의 거래와 동시 호가에 의한 거래는 제외하고 접속 매매만을 대상으로 분석하였다.

시장가 주문의 경우 공매 거래로 인하여 10분 전에 비해 평균적으로 0.33% 정도의 가격 하락을 가져오고, 그 이후 10분 사이에 반등하나 공매 거래 이전에 비하여는 하락한 상태를 유지한다. 지정가 주문의 경우는 시장가 주문에 의한 공매 거래와는 반대로, 공매 거래로 인하여 10분 전에 비해 평균적으로 0.57% 정도의 가격 상승을 가져오고, 10분 뒤에는 그 전에 비해 다소 하락한 모습을 보인다. 이는 매수 주도에 의해 거래가 체결됨에 따라 순간적으로 가격이 상승하기 때문으로 해석할 수 있다. 즉 즉시 체결되지 않을 높은 가격으로 지정가 공매도 주문을 내놓고 있는 상황에서 적극적인 매수자(impatient buyer)의 주도에 의해 체결이 되므로, 공매 거래가 체결되는 시점에서는 유동성 압박에 의하여 일시적으로 가격이 상승하지만, 이후 10분 사이에 반락하여 공매가 일어나기 전에 비하여는 하락한 양상을 보여 정보 거래로서의 가능성을 보여주고 있다. 시장가 주문과 지정가 주문에 의한 공매 거래, 양자 모두 기간 1에 비하여 기간 2에서는 패턴은 유사하나, 그 하락과 회복의 정도가 더욱 큼을 알 수 있다.

〈그림 3.9〉에서는 동일한 자료를 가지고 공매 거래 전후 10분 간격의 수익률에 대한 변동성(volatility)을 나타내고 있다. 변동성의 지표로는 수익률의 표준 편차(standard deviation)를 사용하였다.

〈그림 3.9〉 공매전후의 주식 수익률의 변동성 패턴

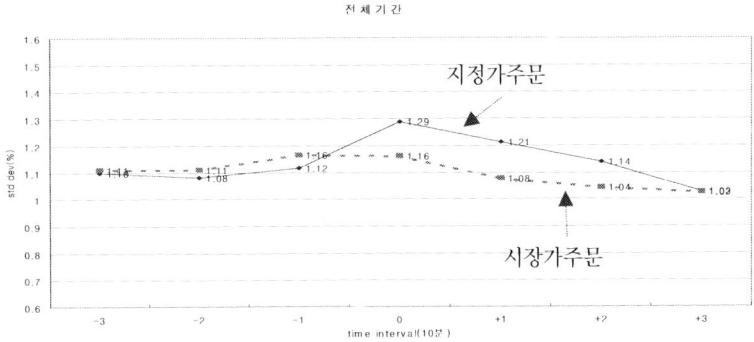

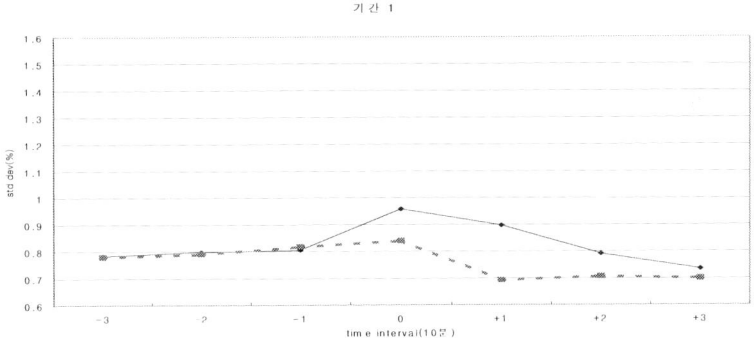

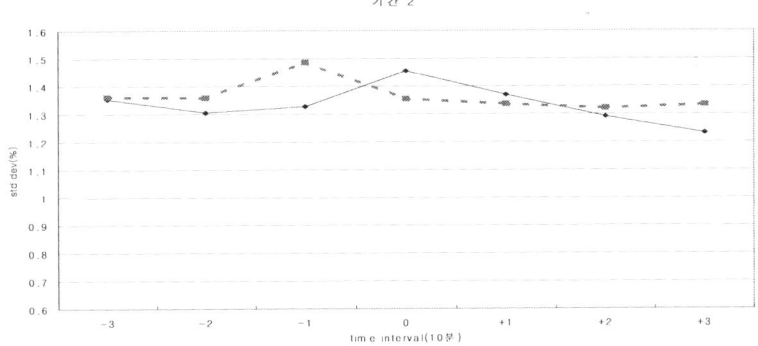

시장가 주문과 지정가 주문에 의한 공매 거래 양자 공히 공매 시점에서 주가 변동성이 증가하였고, 기간 1에 비하여 기간 2에서 그 정도가 매우 크다. 위기 시에 수익률의 변동성이 커짐을 보여주는 결과이다.

〈그림 3.10〉은 공매 거래 전후 10분 간격의 호가 차이(bid-ask spread) 패턴을 나타내는데, 호가 차이는 그 거래가 일어나기 직전의 매도 호가에서 매수 호가를 차감한 것이다. 그런데 주식의 가격대에 따라 그 절대값의 차이가 매우 커지므로, 스프레드 비율(percentage spread)로써 표준화하였다. 스프레드 비율(BAS)은 McInish and Wood(1992)의 방법처럼 다음과 같이 구하였다.

$$BAS = \frac{(ask - bid)}{(\frac{ask + bid}{2})} \times 100$$

앞서 본 것처럼 우리나라의 호가 스프레드는 매우 작아 효율적인 시장임을 다시 확인 할 수 있다. 그리고 공매 거래 직전의 스프레드가 가장 작은 점을 미루어 볼 때, 공매 투자자들이 정보 비대칭이 가장 적은 시점을 포착하여 거래를 하고 있음을 알 수 있다. 또한 기간 1에 비하여 기간 2의 스프레드가 상당히 큰데, 위험이 증대된 시기에는 거래 상대방과의 정보 비대칭이 심해져 탐색을 하게 되므로, 호가 스프레드가 벌어지게 됨을 암시하는 결과라 할 수 있다.

〈그림 3.10〉 공매 전후의 호가 차이(spread) 패턴

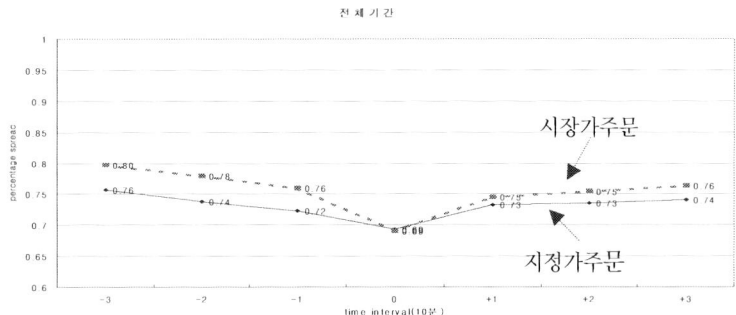

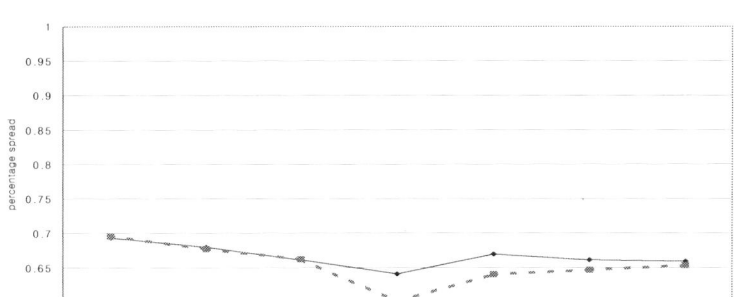

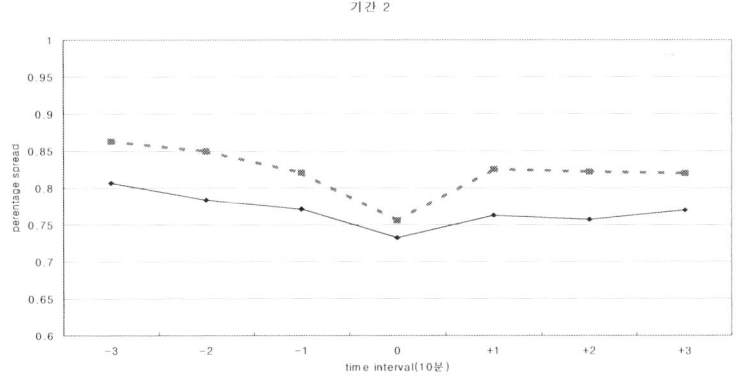

제4장 공매의 정보 효과

제1절 가설 설정

공매 거래에는 제도적으로 많은 규제 및 제약이 부과되는데, 이의 가장 주된 이유는 롱 포지션을 취하는 것과 숏 포지션을 취하는 것의 위험-수익 구조가 다르기 때문이다. 롱 포지션을 취할 경우의 가능한 최대 수익은 무한대이고, 최대 손실은 투자 금액 만큼인 반면(가격이 0이되는 경우), 숏 포지션의 경우 가격이 0이 될 때 최대 수익을 얻는데, 그 크기는 투자 금액만큼으로 한정되고, 이론적으로 가격은 무한정 오를 수 있으므로, 가능한 최대 손실은 무한대가 된다.

이와 같이 공매 거래에는 이론적, 제도적 제약이 있으므로, 이러한 제약에도 불구하고 공매 거래가 발생했다는 것은 그 거래 자체에 내재되어 있는 그 종목에 대한 나쁜 뉴스(bad news)가 일반에 공표된 것을 의미한다. 따라서 시장 효율성의 정도에 따라 시차는 있지만, 보통의 매도 거래에 비하여 보다 더 큰 음의 가격 조정이 이루어질 것이다.

미국의 경우 공매와 관련된 정보는 개별 주식에 대한 미결제 잔고(short interest)의 총량만이 월별로 발표되고 있다. 따라서 공매 거래가 발생한 정보가 거래 시점에 투명하지 않을 뿐만 아니라, 공매 거래 자체가 아닌 월별 숏 포지션의 변동만을 관찰할 수 있다. 따라서 미국 시장에서의 공매에 관한 실증 연구는 대부분 한 달에 한번 발표되는 공매 잔고를 이용하여, 공매 잔고의 변동이 미래의 주가를 예측 가능하게 하는지에 대해 초점을 맞추어왔다. Figlewski and Webb(1993)은 숏 포지션과 지속적인 비정상 수익과의 관계를 검증하였는데, 강한 관련을 찾지 못했다. Senchack and Starks(1993)는 공매 잔고가 현저히 (significantly) 증가된 2,419개의 종목을 대상으로 월별 공매 잔고가 공표되는 시점(announcement date)주변에서의 주가의 반응을 분석하여, 예기치 못한 공매의 증가에 대한 시장 반응은 음의 효과를 갖는다는 것을 밝혔으나, 역시 강한 관련을 얻을 수 없었다.

반면, Figlewski(1981)는 공매 잔고와 개별 종목의 주가와의 관계 규명에 초점을 둔바, 잔고율이 높은 종목들이 잔고율이 낮은 종목들에 비해 초과 수익률이 낮아, 잔고율 수준과 초과 수익률 간에 통계적으로 유의적인 음에 상관관계가 존재함을 밝혔다. 그는 또한 공매에 대한 규제로 인해 주가에 부정적인 정보가 비효율적으로 반영됨으로써, 자산 가격의 상향 편의(upward bias)가 있다는 것을 밝혔고, 공매에 대한 규제는 시장 내의 투자자들이 갖는 부정적인 정보나 긍정적인 정보로 인한 가격 조정 속도에 관한 기대 형성에 대해 비대칭성을 초래한다고 주장하였다. Asquith and Meulbroek(1996)은 공매 잔고가 많은 기업에 초점을 맞추어 공매 잔고와 음의 비정상 수익과의 강하고도 지속적인 관계를 도출하였다. Diamond and Verrechia(1987)에 의하면, 공매에 대한 제약으로 인해 공매 주문이 일반 매도 주문에 비하여, 더 정보가 많이 함유되어 있어 공매 거래가 이루어지는 순간, 즉 그 정보가 공표되는 순간 가격 조정(price adjustment)이 급격히 일어난다고 한다. 공매 거래에는 제도적으로 많은 규제 및 제약[24]이 부과되기 때문에, 이러한

---

24) 공매와 관련된 제약에는 업틱룰(up-tick rule) 이외에도 증거금 설정 (margin requirement), 주식 매각 대금의 예치 및 활용 금지, 배당금의 반환(pass through of dividends), 공매 종목의 부족, 포지션의 강제적 청산 (forced covering of short position) 등이 있다.
증권 거래 업무 규정 제7조 3항의 공매도 호가의 가격 제한 규정에 의하면, 가장 최근의 매매 가격 미만 및 또는 가장 최근의 매매 가격이 그 직전의 매매 가격을 넘지 않을 때에는 가장 최근의 매매 가격으로 유가 증권의 공매도를 해서는 안 된다는 것이 업틱룰인데, 신용 거래로서 대주 거래

규제를 공매 거래에 수반되는 비용(cost of short-sale)으로 간주한다면, 투자자들이 이러한 비용을 감수하면서까지 주식을 공매한다는 것은 주식을 통상적으로 매도하는 것 이상의 의미가 있으며, 공매에 내재된 주가의 정보를 인식하고 있다고 할 수 있다. 최근 호주 증권거래소(ASX)를 대상으로 공매의 정보 효과를 사건 연구로 분석한 Aitken, Frino, McCorry, and Swan(1998)에 의하면 호주 시장의 경우는 증권거래소 시장부가 거래가 체결되는 즉시 실시간으로 브로커와 기관들에게 'Signal C'라고 하는 상세 거래 정보를 전송하므로, 투자자들이 공매 거래에 관해 상세한 정보를 실시간으로 알 수 있는 매우 투명한 시장이다. 그들은 공매 거래 전후의 일중 가격 행동을 분석하여 공매 거래가 시장에 거의 즉시 영향을 미치는 나쁜 뉴스(bad news)임을 밝혔다.[25] 또한 Dechow, Hutton, Meulbroek, and Sloan(1997)은 공매 투자자들이 일시적으로 과대평가된 주식(fundamental-to-price ratio가 낮은 주식)을 골라 투자하여 초과 수익을 얻을 수 있음을 보였다. 이처럼 공매가 나쁜 뉴스(bad news)를 담고 있는 정보 거래이며, 다량의 공매 거래가 발생한다면 주가는 하락한다고 생각할 수 있다. 시장이 효율적이라면, 그 하락 조정은 즉각적으로 이루어질 것이다. 따라서 다음과 같은 첫 번째 가설을 설정할 수 있다.

　가설 1: 공매 거래가 발생하면, 음의 누적 비정상 수익이 나타난다.

　한편, Glosten(1994)은 지정가 주문형 시장(limit order market)의 투

　는 예외로 하고 있다.
25) 우리의 주식시장(KSE) 역시 매일 장 종료 후 단말기를 통해 공매 잔고를 발표하며, 장 중에도 시장 대리인이나 증권 회사 브로커(broker) 등을 통해 공매 정보를 얻을 수 있는 투명한 시장이다.

자자들을 크게 인내형(patient) 투자자와 성급형(impatient) 투자자로 나눈다. 인내형 투자자는 즉시 거래가 될 수 없는 지정가 주문을 내어 시장 가격이 유리하게 변할 때를 기다리는데, 이들이 시장에 유동성을 공급하는 역할을 한다. 성급형 투자자는 즉시 거래가 이루어질 시장가 주문을 내어 유동성을 소비한다. Keim and Madhavan(1995)은 수명이 짧은 정보(short-lived information)를 가진 투자자가 지정가 주문보다는 시장가 주문을 선호한다고 주장하고, 기술적 분석(technical analysis)에 입각한 투자자들이 시장가 주문을 선호함을 밝혔다. 또한 Aitken and Frino(1996)는 시장가 주문에 의해 체결된 거래가 시장에 보다 더 큰 충격을 주기 때문에, 지정가 주문에 의해 체결된 공매 거래는 즉각적인 가격 반응을 보이지는 않을 것으로 주장하였다. 이와 같이 주문 유형에 따라 공매의 정보 효과의 정도가 다를 것으로 예상할 수 있으므로, 다음과 같은 두 번째 가설을 설정할 수 있다.

가설 2: 시장가 주문에 의한 공매 거래가 지정가 주문에 의한 공매 거래에 비하여, 더 큰 음의 누적 비정상 수익을 보인다.

다음으로, Easley and O'Hara(1987)는 거래량에 투자자의 정보와 정보 사건 발생 가능성 등이 포함되어 있기 때문에, 대량 거래로 발생하는 가격 효과는 거래량에 의존한다고 하였다. Kyle(1985)은 정보 거래자는 자신의 거래를 위장하기 위하여, 한 번의 대량 거래보다는 여러 개의 소량 거래로 나누어 낸다고 주장하였다. Karpoff(1987)는 거래량과 가격 변화 사이에 양의 상관관계가 있으며, 거래량과 가격 변화량에도 양의 상관관계가 있다고 하였다. 이와 같이 거래량에 따라 공매의 정보 효과가 달라질 가능성이 존재한다. 이에 따라 다음의 세 번째 가설을 설정할 수 있다.

가설 3: 공매 거래량이 클수록 비정상 수익의 크기가 크다.

끝으로 Kraus and Stoll(1972)과 Holthausen, Leftwich and Mayers(1990)는 대량 거래(block trading)의 가격 효과에 대한 연구에서 대량 거래가 영구적인 가격 효과가 있음을 보였다. 공매 거래의 결과 발생하는 가격 효과는 일시적 가격 효과(temporary price effect)와 영구적 가격 효과(permanent price effect)로 구분할 수 있는데, 공매가 부정적인 정보를 함유한 거래라면, 총 가격 효과 중에서 영구 효과가 일시 효과를 압도할 것이다. 서두의 시점 포착 가설이나 가격 압박 가설의 경우처럼 정보가 없이 거래를 한 경우는 비록 가격 조정이 있다 하더라도 곧 그 주식의 본질 가치 수준으로 돌아올 것이므로, 일시적인 효과에 그칠 것이다. 따라서 이 두 효과를 분리해 봄으로써 공매의 정보 거래 여부를 확인해 볼 수 있다. 이에 따라 다음의 네 번째 가설을 설정할 수 있다.

가설 4: 공매 거래는 영구적인 가격 효과를 갖는다.

다음 절에서 이상과 같은 네 가지 가설을 검증하여 공매 거래가 정보 거래임을 밝혀보도록 한다.

그런데 Diamond and Verrechia(1987)는 옵션의 도입을 통해 공매 비용이 감소되어 사적 정보(private information)의 조정 속도가 증가된다고 하였다. Figlewski and Webb(1993)의 연구에서도 옵션거래 대상이 되는 종목의 공매는 그렇지 않은 종목의 공매보다 정보량이 줄어들고 가격 반응도 줄어들 것이라고 하였다. 그들은 공매가 일어나는 주식에 옵션이 있는지 여부에 따라 두개의 하위 그룹을 만들어, 공매 잔고가 공표되는 시점에서의 가격 움직임을 월별로 살펴보았다. 정보를 가진 투자자는 옵션 시장을 이용함으로써 공매에 대한 비용을 줄일 수 있기 때문에, 옵션거래 종목의 공매는 비교적 정보력이 떨어진다고 하였고, 실증 결과도 공매 잔고가 증가함에도 불구하고, 수반되는 음의 비정상 수익률은 옵션이 거래되지 않는 종목보다 옵션이 거래되는 종목에서 낮게 나타났다. Brent, Morse and Stice(1990)는 투자자들의 동기를 과세 소득의 이연, 차익 거래(arbitrage)와 헤지(hedging), 투기(speculation)로 분류하여, 투자 동기에 대한 대용 변수가 실증적으로 설명력을 지니고 있는지를 횡단면 분석(cross-sectional analysis)과 시계열 분석(time-series analysis)을 통해 살펴보았다. 이들은 옵션거래 종목의 공매의 동기를 차익 거래로 규정하였다. 공매를 하는 차익 거래자는 직접적으로 사적 정보에 대한 거래보다는 관련된 증권의 가격 불일치를 추구하는 것이기 때문에, 차익 거래의 일환으로 이루어지는 공매는 가격 반응을 가속화하지 못할 것이라고 하였다. 또한 이들은 정보를 지니지 못한 공매(uninformed short selling)의 다른 동기를 과세 소득의 이연으로 설명하였다. 공매의 보험적 기능은 가격 변동의 위험을 제거하거나, 주식에 대한 매입 포지션(long position)을 다음 회계 년도까지 이어가기 위해서, 당해 회계 년도 말에 주식에 대한 매입 포지션을 가지고 있음과 동시에 공매를 하는 경우(short against the box)를 의미한다. 과세 이연과 관련된 공매는 회계 년도 말에 집중된 공매와 비례해서 계절 효과(seasonal effect)를 찾을 수 있다고 하였다. Conrad(1994)는 회계 년도 말의 공매는 공매와 관련된 음의 가격 반응을 더 작게 만든다고 하였다. Aitken, Frino, McCorry, and Swan(1998)은 옵션이 부여된 종목의 공매, 선물 가격이 현물 가격보다 낮은 경우의 공매, 공매 거래 이후 10분 이내에 거래 정지된 공매, 과세 이연을 목적으로 한 공매 등은 공매에 대한 정보력이 떨어진다는 것을 밝혔다.

이와 같이 비정보 거래로서의 성격을 갖는 공매도 존재한다. 그러나 우리나라에서는 개별 종목에 대한 옵션이 존재하지 않기 때문에, 옵션 시장을 이용함으로써 공매에 대한 비용을 줄일 수 있는 여지가 없다. 반면 우리나라에는 KOSPI 200 주가지수 선물 시장이 존재하여 선물 가격이 현물 가격보다 낮을 때 선물 시장에서 매입 포지션을 취함과 동시에, 현물 시장에서 공매를 함으로써 지수 차익 거래가 가능하다. 그러나 차익 거래를 위해서는 현물 시장에서 KOSPI 200지수를 대용할 수 있는 포트폴리오를 구성해야 하는데, 본 연구에서 다루는 공매는 신용 대주로서 개인 투자자들만이 가능하므로, 개인 투자자 입장에서 이러한 포트폴리오를 구성하여 투자하기는 매우 어렵다. 따라서 이러한 차익 거래 동기의 공매 거래는 많지 않을 것이다. 또한 우리나라의 세제상 주식 투자로 인한 자본 이득에는 과세하지 않으므로, 과세 이연을 목적으로 한 공매 역시 거의 존재하지 않을 것이다. 이상과 같이 우리나라의 시장 구조하에서 비정보 거래로서의 공매의 존재는 매우 미약할 것임을 알 수 있다.

제2절 실증 분석

1. 사건 연구

하루 중의 주문과 거래를 모두 담고 있는 'IFB/KSE 거래 자료 (IFB/KSE transactions database)'로부터 1996년 11월 25일에서 1997년 12월 27일까지 320거래일 동안 공매 거래가 존재한 총 302개 1, 2부 상장 종목 중에서 20거래일 미만으로 공매 거래가 존재하거나, 표본 기간 중 관리 종목에 편입, 또는 상장 폐지된 경우, 그리고 기간 중에 신규 상장된 종목을 제외한 보통주 186종목만을 최종 표본으로 삼아 일중 사건 연구를 수행하였다.

먼저 공매도 주문이 체결된 것을 사건(event)으로 정의한다. 표본 기간, 표본 종목의 모든 공매 거래를 각각 시장가 주문의 경우와 지정가 주문에 의한 거래로 나누어, 공매 거래가 일어난 시점을 기준으로 공매 거래 전후 각각 3개씩의 10분 간격[26] 수익률을 구한다.

$$R_{it} = \ln\left(\frac{P_{it}}{P_{it-1}}\right), \qquad t = -3,\ \cdots\cdots 0\cdots\cdots,\ +3 \qquad (4.1)$$

i는 각각의 공매 거래를 의미하며 t는 사건 시점을 포함한 전후 3개씩의 기간을 의미한다. 하루 중 수익률의 범위를 넘지 않기 위하여, 9:50 이전의 공매 거래와 14:40 이후의 공매 거래는 제외하였고, 오전 장만 열리는 토요일과 동시 호가로 체결된 거래는 제외하였다.

(1) Aitken, Frino, McCorry, and Swan(1998) 방식

공매에 대한 비정상 수익(abnormal return)은 이 10분 간격 수익률에서 대응 표본(matching sample)의 수익률을 차감하여 얻을 수 있는바, 대응 표본을 어떻게 구하느냐에 따라 두 가지 방법으로 나누어 볼 수 있다.

첫 번째 방법은 Aitken, Frino, McCorry, and Swan(1998) 방식인데, 대응 표본은 모든 공매 거래에 대하여 한 달 이내의 동일 종목, 같은

---

26) 5분 간격과 15분 간격에 대해서도 수행해 보았으나, 결과에 큰 차이는 없었다.

요일, 같은 시간대(공매 전후 30분 이내)에서 같은 주문 유형(시장가 주문 또는 지정가 주문), 같은 투자자 유형(개인, 기관, 외국인), 그리고 같은 거래량(없으면 가장 근사한 거래량)을 갖는 일반 매도(regular sell)를 찾아서 통제 표본(control sample)으로 삼는다. 이와 같은 선택 기준은 시장 미시 구조 연구에서 잘 알려진 일중 패턴과 요일 효과를 통제하고, 시장에 영향을 미칠 수 있는 요인을 통제하기 위한 것이다. 공매와 통제 표본의 요약 통계량은 〈표 4.1〉에 있는데, 통제 표본이 공매와 거의 비슷한 조건을 가지고 있다는 것을 보여주고 있다.

　〈표 4.1〉은 공매와 통제 표본에 대해 시장가 주문에 의해 체결된 거래와 지정가 주문에 의해 체결된 거래 각각의 평균 체결 가격과 거래량을 나타낸다.

〈표 4.1〉 공매와 대응 표본의 요약 통계

	빈도 비율(%)	평균 체결 가격(원)	평균 거래량(주)
Panel A:시장가 주문			
공　매	38	20,572	704
대응 일반매도	37.4	20,796	625
Panel B:지정가 주문			
공　매	62	19,300	391
대응 일반매도	60	19,430	351

　전체 공매 거래의 97.6%가 대응에 성공하여 시장가 주문에 의한 31,081거래와 지정가 주문에 의한 51,598거래가 최종 표본으로 선택되었다.

　이렇게 선택된 일반 매도에 대해서도 마찬가지로 거래 전후 각각 3개씩의 10분 간격 수익률을 구한다.

$$R_{kt} = \ln\left(\frac{P_{kt}}{P_{kt-1}}\right), \qquad t = -3, \ \cdots\cdots 0 \cdots\cdots, \ +3 \qquad (4.2)$$

k는 각각의 일반 매도 거래를 의미하며 t는 역시 사건 시점을 포함한 전후 3개씩의 기간을 의미한다.

비정상 수익(AR_{it})은 공매 전후 10분 간격의 수익률에서 이 통제 표본의 10분 간격 수익률을 차감하여 구한다. 그리고 평균 비정상 수익(AR_t)은 비정상 수익의 합을 표본 공매의 수로 나누어 구한다.

$$AR_{it} = R_{it} - R_{kt}, \qquad t = -3, \ \cdots\cdots 0 \cdots\cdots, \ +3 \qquad (4.3)$$

$$AR_t = \frac{1}{m} \sum_{i=1}^{m} AR_{it}, \qquad m = 1, \ \cdots\cdots, \ 82,679 \qquad (4.4)$$

보다 엄밀한 분석을 위해 10분 간격 거래 가격을 기준으로 비정상 수익률을 계산함과 동시에, 스프레드 중간 가격(midpoint-to-midpoint price), 매수 호가 가격(bid-to-bid price), 매도 호가 가격(ask-to-ask price)을 기준으로도 비정상 수익률을 계산하였다.

McInish and Wood(1992)는 스프레드 중간 가격이 거래 가격을 기준으로 수익률을 계산할 때 발생하는 스프레드 격차(bid-ask bounce)를 제거하는 데 유용하다고 하였다. 또한 Harris, McInish and Chakravarty(1995)는 매도 호가 가격과 매수 호가 가격으로 구한 수익률은 공매 주변의 가격 형성 과정(price discovery process)을 살펴보는 데 유용하다고 하였다. 매수 호가 가격은 시장가 주문으로 체결된 공매 거래의 가격 영향을 직접적으로 반영하지만 매도 호가 가격은 직접적으로 반영하지는 않는다. 마찬가지로 매도 호가 가격은 지정가 공매 주문에 대응하여 체결된 시장가 매수 주문의 가격 영향을 직접적으로 반영하지만, 매수 호가 가격은 그렇지 못하다. 스프레드 중간 가격은 공매도 거래가 체결된 시점 직전의 최우선 매도 호가와 최우선 매수 호가의 산술 평균으로 계산한다. 매도 호가 가격은 공매도 거래가 체결되기 직전의 매도 호가를, 매수 호가 가격은 공매도 거래가 체결되기 직전의 매수 호가를 의미한다.

〈표 4.2〉는 공매 전후 10분 간격의 평균 비정상 수익률의 양상을 시장가 주문에 의해 체결된 거래와 지정가 주문에 의해 체결된 거래로 나누어 나타내고 있다.

〈표 4.2〉 공매 거래 주변의 일중 가격 반응(일반 매도와의 비교)

전체 기간(1996년11월 25일-1997년 12월 27일)

10분 간격	trade-to-trade		ask-to-ask		midpt-to-midpt		bid-to-bid	
	$AR_t(\%)$	T	$AR_t(\%)$	T	$AR_t(\%)$	T	$AR_t(\%)$	T
panel A: 시장가 주문 (n=31,081)								
-3	0.050	5.94*	0.050	6.11*	0.047	5.99*	0.045	5.68*
-2	0.080	9.76*	0.091	11.45*	0.087	11.45*	0.078	10.15*
-1	0.095	11.28*	0.108	13.19*	0.105	13.35*	0.104	13.02*
0	-0.246	-27.32*	-0.038	-4.18*	-0.029	-3.32*	-0.003	-0.29
+1	-0.139	-17.11*	-0.322	-41.20*	-0.321	-42.66*	-0.344	-44.01*
+2	0.043	5.41*	0.002	0.22	-0.000	-0.05	0.010	1.31
+3	0.023	2.96	0.024	3.12*	0.021	2.80	0.021	2.81
panel B: 지정가 주문 (n=51,598)								
-3	0.052	8.14*	0.052	8.64*	0.061	10.23*	0.061	9.77*
-2	0.053	8.63*	0.045	7.74*	0.043	7.45*	0.041	6.97*
-1	0.110	17.53*	0.110	18.48*	0.108	18.44*	0.104	17.14*
0	0.364	49.42*	0.239	32.87*	0.223	31.43*	0.203	27.63*
+1	0.001	0.16	0.125	18.37*	0.113	17.83*	0.128	19.94*
+2	0.010	1.55	-0.004	-0.64	-0.002	-0.41	0.004	0.71
+3	-0.010	-1.66	0.005	0.90	0.001	0.26	-0.005	-0.79

기간 1(1996년11월 25일-1997년 09월 30일)

	trade-to-trade		ask-to-ask		midpt-to-midpt		bid-to-bid	
10분간격	AR$_t$(%)	AR$_t$(%)	T	AR$_t$(%)	T	AR$_t$(%)	T	
panel A: 시장가 주문(n=19,358)								
-3	0.100	12.39*	0.090	10.91*	0.083	10.62*	0.084	10.47*
-2	0.090	11.22*	0.099	12.52*	0.098	12.80*	0.094	11.91*
-1	0.083	10.14*	0.109	13.27*	0.110	13.91*	0.109	13.33*
0	-0.130	-14.53*	0.049	5.29*	0.056	6.24*	0.078	8.45*
+1	-0.098	-13.08*	-0.257	-34.52*	-0.267	-36.72*	-0.283	-37.10*
+2	-0.012	-1.59	-0.040	-5.37*	-0.043	-5.85*	-0.040	-5.27*
+3	0.033	4.49*	0.025	3.36*	0.025	3.39*	0.021	2.88
panel B: 지정가 주문 (n=32,427)								
-3	0.035	5.56*	0.044	7.15*	0.047	7.81*	0.043	6.66*
-2	0.066	10.59*	0.057	9.53*	0.057	9.77*	0.055	9.02*
-1	0.129	20.57*	0.121	19.72*	0.121	20.34*	0.120	19.22*
0	0.323	43.49*	0.241	31.70*	0.232	31.01*	0.210	26.96*
+1	-0.018	-2.72	0.090	13.28*	0.091	13.91*	0.108	16.12*
+2	-0.012	-1.91	-0.008	-1.27	-0.005	-0.75	0.002	0.24
+3	0.000	0.00	-0.001	-0.11	-0.001	-0.13	-0.002	-0.29
기간 2(1997년10월 1일-1997년 12월 27일)								
panel A: 시장가 주문 (n=11,723)								
-3	-0.034	-1.90	-0.020	-1.16	-0.021	-1.24	-0.023	-1.42
-2	0.063	3.67*	0.076	4.50*	0.066	4.02*	0.049	3.10*
-1	0.115	6.48*	0.106	6.09*	0.094	5.54*	0.096	5.73*
0	-0.438	-23.51*	-0.192	-10.13*	-0.189	-10.14*	-0.145	-7.93*
+1	-0.207	-11.74*	-0.438	-25.49*	-0.429	-25.07*	-0.454	-26.69*
+2	0.135	7.85*	0.076	4.66*	0.084	5.10*	0.102	6.36*
+3	0.006	0.38	0.021	1.28	0.012	0.74	0.020	1.24
panel B: 지정가 주문 (n=19,171)								
-3	0.081	5.99*	0.066	5.24*	0.087	6.72*	0.094	7.15*
-2	0.032	2.51	0.023	1.91	0.014	1.10	0.015	1.19
-1	0.079	5.98*	0.090	7.28*	0.080	6.28*	0.075	5.71*
0	0.433	28.27*	0.237	15.79*	0.204	13.44*	0.189	12.26*
+1	0.034	2.27	0.187	12.86*	0.158	11.34*	0.168	12.22*
+2	0.048	3.37*	0.004	0.28	0.002	0.16	0.010	0.75
+3	-0.027	-2.14	0.016	1.29	0.006	0.47	-0.010	-0.82

*는 유의 수준 0.01을 나타냄.

시장가 주문의 경우 네 가지의 수익률 방식 모두 공매 직후 유의적인 음의 비정상 수익을 나타내고 있다. 스프레드 중간 가격 수익률, 매수 호가 가격 수익률, 매도 호가 가격 수익률의 경우 +1 시점에서야 유의적인 음의 반응이 나타나는데, 이는 이 세 경우 모두 공매 직전의 가격으로 계산한 때문이다. 비정상 수익의 크기가 의미하는 바는 시장가 공매 주문에 의해서 전달된 정보가 -0.246 내지 -0.344%만큼 주식 가치를 재평가하도록 만들었다는 것이다. 거래 가격간 수익률을 비교해 볼 때, 기간 1의 경우(-0.130%)보다 주가 폭락기인 기간 2의 경우 (-0.438%) 무려 3배가 넘는 음의 비정상 반응을 보였다. 기간 1과 기간 2 공히 그 음의 비정상 반응은 10분 뒤인 다음 구간까지 지속되고, 20분이 지나서야 더 이상 음의 반응을 보이지 않는다. 즉 유사한 조건의 일반 매도에 비하여, 비정상적 음의 초과 수익 반응을 나타낸 것은 공매가 나쁜 뉴스를 담은 정보 거래임을 나타내주며, 20여 분 정도 만에 그 효과가 사라지는 것을 볼 때 우리나라 시장이 상당히 효율적임을 알 수 있다.

반면 지정가 주문에 의해 체결된 공매 거래의 경우, 오히려 거래 직후 0.364%의 양의 비정상 수익이 도출되었다. 그리고 30분이 지나도록 거의 그 상태를 유지해 즉각적인 양의 조정이 이루어짐을 알 수 있다.

Conrad(1994)는 정보를 지닌 공매(informed short selling)의 예기치 못한 증가는 음의 효과를 지니는 반면, 정보를 지니지 아니한 공매 (uninformed short selling)의 예기치 못한 증가는 오히려 양의 효과를 얻는다고 하였다. 이를 우리의 결과에 대비해보면, 시장가 주문에 의해 체결된 공매는 정보를 지닌 공매이고, 지정가 주문에 의해 체결된 공매는 정보를 지니지 아니한 공매에 속한다는 결론을 도출할 수 있다.

〈그림 4.1〉의 누적 비정상 수익(cumulative abnormal return)의 패턴은 이상의 내용을 시각적으로 잘 설명해 준다.

〈그림 4.1〉 공매 전후 누적 비정상 수익(시간 간격)

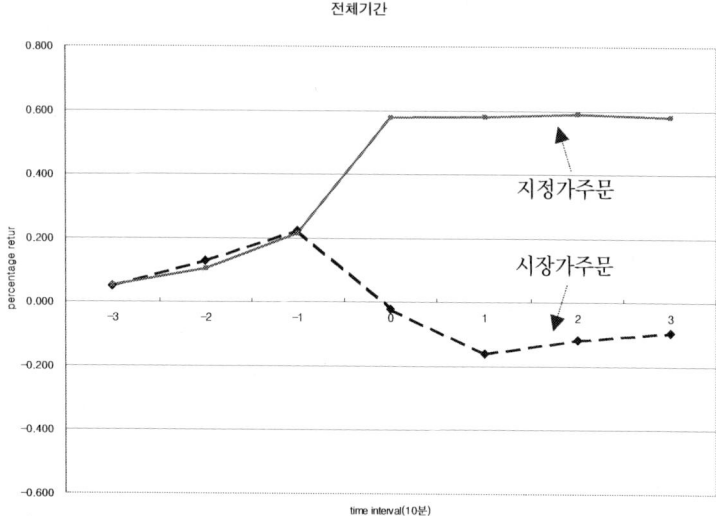

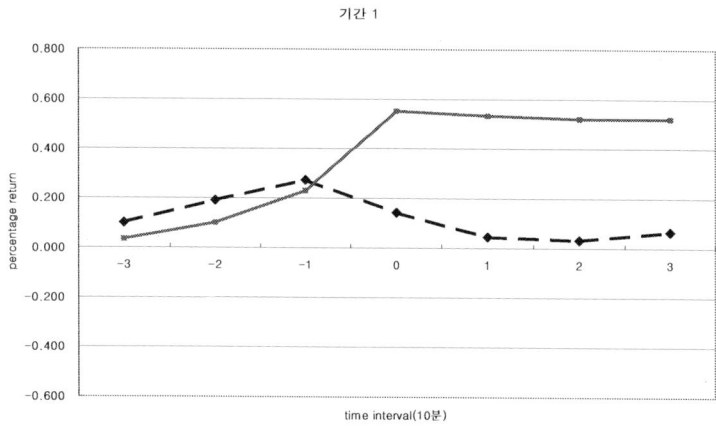

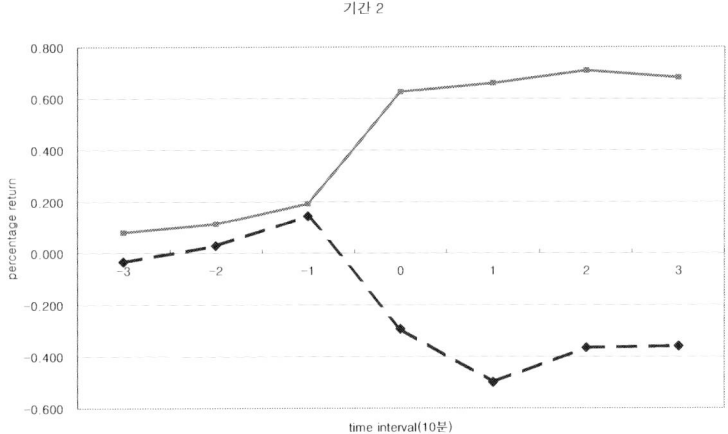

기간 2

누적 비정상 수익(CAR)은 다음과 같이 구하였다.

$$CAR_t = CAR_{t-1} + AR_t, \qquad t = -3, \cdots 0 \cdots, +3 \qquad (4.5)$$

그런데 스프레드 중간 가격 수익률, 매수 호가 가격 수익률, 매도 호가 가격 수익률의 세 가지 수익률 방식에 비해 거래 가격 수익률로 계산된 평균 비정상 수익률은 통계적 유의도나 그 크기에서 상대적으로 약하게 나타났는데, 이는 호가 격차(bid-ask bounce)[27]나 저빈도 거래(thin trading)로 인한 노이즈가 존재함을 암시한다.

공매 이후 거래가 한동안 이루어지지 않는다면 시간 간격으로 수익

---

27) 거래는 매수 호가와 매도 호가가 주어져 있을 때 시장가 매수 또는 시장가 매도 주문이 들어와 체결되는 것이므로, 체결가는 매도 호가와 매수 호가 어느 한 쪽에 의해 결정된다. 따라서 시장가 매수와 시장가 매도가 반복되는 일련의 거래에서 체결가는 한 번은 매도 호가, 한 번은 매수 호가로 결정되어 일관된 가격 흐름을 나타내주지 못한다. 호가 격차(bid-ask bounce)는 바로 이러한 체결가 결정 방식으로부터 연유하는 것이다.

률을 구할 경우 공매 이후 구간에 수익률 변동이 없는 것으로 계산이 된다. 따라서 거래가 뜸한 주식의 수익률을 시간 간격으로 수익률을 구할 경우 공매가 가지고 있는 정보(adverse information)를 과소평가하게 된다. 따라서 비정상 수익을 시간 간격이 아닌 거래 간격(transaction-by-transaction)으로 구해 볼 필요가 있다. 방법은 공매 전후 각각 30개씩의 거래 간격으로 수익률을 계산한다는 것을 제외하고는 앞서 구한 시간 간격 수익률을 구하는 것과 동일하다. 다만 앞 장에서 설명한 바처럼 하나의 주문이 나뉘어져 여러 번 거래가 체결된 것처럼 기록되는 경우가 빈번한데, 이 경우 이 주문은 서로 다른 가격으로 서로 다른 상대방과 여러 개로 나누어서 거래가 체결되지만, 이런 거래도 하나의 거래로 보는 것이 타당하다.

이 문제를 해결하기 위하여 매수 주문 접수 번호와 매도주문 접수 번호를 비교한 뒤 후착 주문의 접수 번호가 동일한 거래들을 통합하여 하나의 거래로 보고, 통합 거래의 체결가는 개별 거래의 체결가를 체결 수량으로 가중한 평균값을 사용하였다.

〈그림 4.2〉가 그 결과를 나타내고 있다. 시간 간격 수익률로 구한 경우와 마찬가지로 시장가 주문의 경우 공매 직후 유의적인 음의 비정상 수익을 나타내고, 대략 20거래 이후에 조정이 마무리되는 모습을 보인다. 누적 비정상 수익이-0.30% 정도로 시간 간격으로 구한 누적 비정상 수익과 비슷해, 저빈도 거래의 문제는 그리 심각해 보이지 않는다. 기간 1보다 기간 2에서 더욱 큰 조정을 보인다. 이는 공매 거래에 담겨져 있는 부정적인 정보(adverse information)가 약 20 거래 이내에 완전히 반영된다는 것을 의미한다. 지정가 주문의 경우는 양의 가격 반응을 보이나, 그 조정 속도는 매우 빨라 비정보 거래임을 암시하고 있다.

〈그림 4.2〉 공매 전후 누적 비정상 수익(거래 간격)

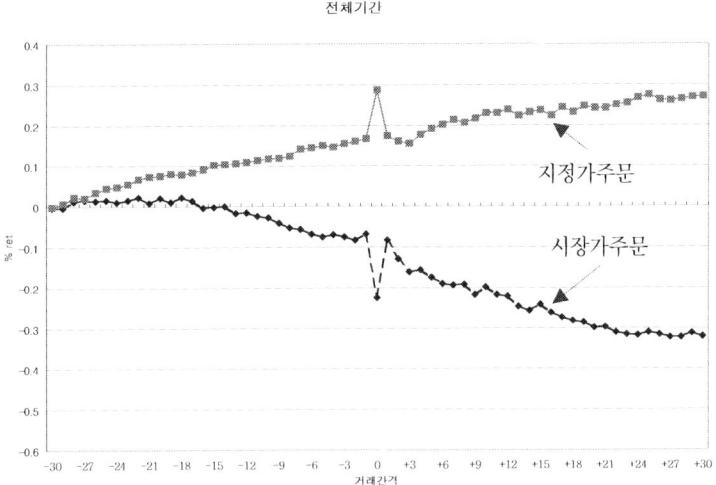

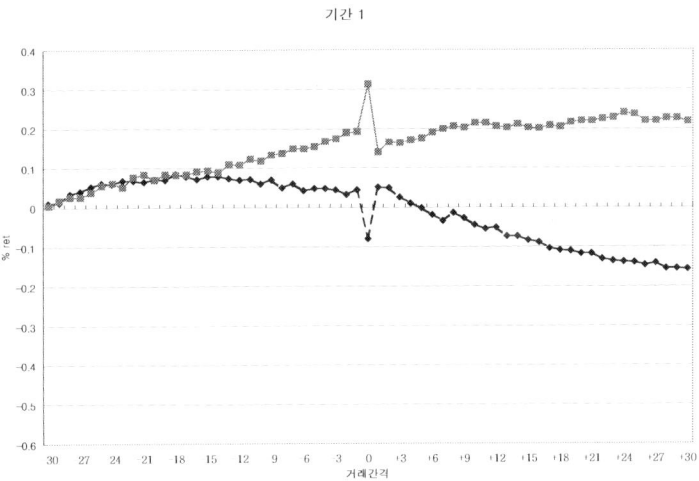

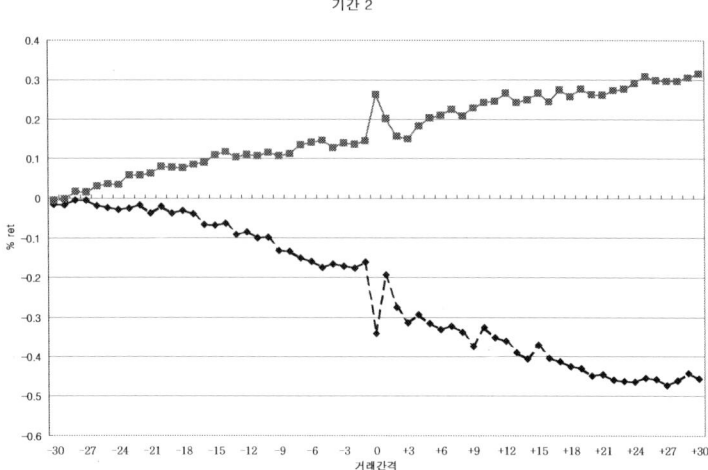

기간 2

(2) 시장 조정 모형

공매에 대한 비정상 수익률을 구하는 두 번째 방법은 Brown and Warner(1980, 1985)의 방식과 같은 시장 조정 모형(market-rate adjusted model)이다. 대응 표본은 1분 간격으로 공시되고 있는 KOSPI 200지수 수익률을 시장포트폴리오의 대용치로 삼아 다음과 같은 방식으로 공매의 평균 비정상 수익과 누적 비정상 수익을 구하였다.

$$AR_{it} = R_{it} - R_{Mt}, \qquad t = -3, \cdots 0 \cdots, +3 \qquad (4.6)$$

$$AR_t = \frac{1}{m} \sum_{i=1}^{m} AR_{it}, \qquad m = 1, \cdots, 82,679 \qquad (4.7)$$

$$CAR_t = CAR_{t-1} + AR_t, \quad t = -3, \cdots 0 \cdots, +3 \qquad (4.8)$$

시장가 주문에 의한 35,032거래와 지정가 주문에 의한 54,933거래에 대하여 구한 비정상 수익(AR_t)이 〈표 4.3〉에 나타나 있다.

〈표 4.3〉 공매 거래 전후의 일중 가격 반응(KOSPI 200지수와의 비교)

	시장가 주문 (n=35,032)		지정가 주문 (n=54,933)	
10분 간격	$AR_t(\%)$	T	$AR_t(\%)$	T
-3	0.047	7.80*	0.020	4.28*
-2	0.086	14.42*	0.026	5.65*
-1	0.131	21.22*	0.113	23.88*
0	-0.207	-33.73*	0.666	124.72*
+1	-0.134	-23.56*	-0.020	-4.10*
+2	-0.007	-1.33	-0.097	-21.23*
+3	0.025	4.60*	-0.031	-7.08*

전체 기간(1996년11월 25일-1997년 12월 27일)

기간 1(1996년11월 25일-1997년 9월 30일)

	시장가 주문 (n=21,175)		지정가 주문 (n=34,159)	
-3	0.090	15.70*	0.001	0.25
-2	0.097	16.91*	0.034	7.43*
-1	0.119	20.28*	0.140	30.30*
0	-0.101	-16.01*	0.648	114.99*
+1	-0.047	-9.23*	0.024	4.69*
+2	-0.023	-4.47*	-0.057	-12.61*
+3	0.017	3.39*	-0.045	-10.45*

기간 2(1997년10월 1일-1997년 12월 27일)

	시장가 주문 (n=13,857)		지정가 주문 (n=20,774)	
-3	-0.020	-1.62	0.052	5.18*
-2	0.069	5.61*	0.014	1.44
-1	0.149	11.67*	0.069	6.95*
0	-0.370	-30.65*	0.694	65.25*
+1	-0.267	-22.21*	-0.092	-9.26*
+2	0.017	1.44	-0.163	-17.12*
+3	0.038	3.26*	-0.008	-0.92

*는 유의 수준 0.01을 나타냄.

공매 직후 시장가 주문의 경우-0.207%의 음의 비정상 수익이 나타났고, 지정가 주문의 경우 0.666%의 양의 비정상 수익이 나타났다. 전후의 패턴은 Aitken, Frino, McCorry, and Swan(1998) 방식으로 계산한 것과 유사하다. 누적 비정상 수익의 패턴은 〈그림 4.3〉에 나타나 있다. 역시 앞의 방법과 유사한 결과가 도출되었다. 대응 표본이 1분 단위로 계산되는 KOSPI 200지수 수익률이므로 거래 간격의 비정상 수익을 구할 수가 없다.

〈그림 4.3〉 시장 조정 모형에 의한 누적 비정상 수익

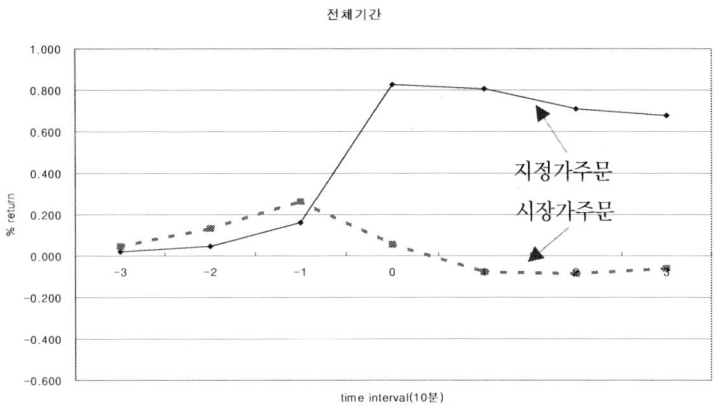

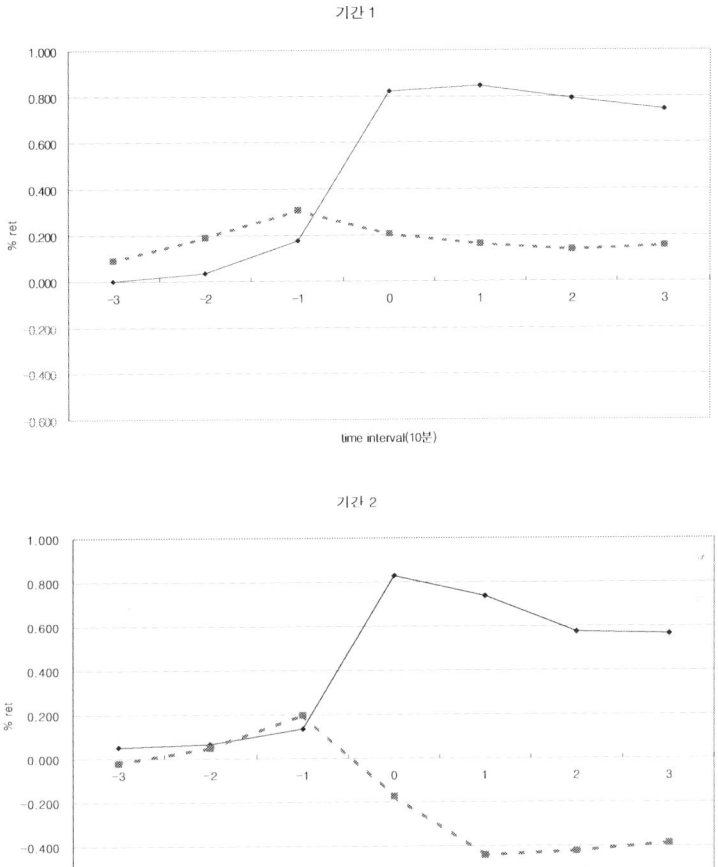

기간 1

기간 2

(3) 기업 규모별 공매의 누적 비정상 수익

앞 장에서 최종 표본을 시가 총액을 기준으로 다섯 개의 그룹으로 나누었다. 기업 규모별로 비정상 수익의 패턴이 다른지 그 여부에 대하여 〈그림 4.4〉에서 살펴보았다. Aitken, Frino, McCorry, and Swan(1998) 방식 중 시간 간격 누적 비정상 수익률을 구한 결과 규모가 가장 작은 그룹의 패턴만이 다를 뿐, 나머지 그룹들의 패턴은 유사하였다. 규모가 가장 작은 기업의 경우 표본 수가 1개의 기업에 불과해 의미 있는 패턴 차이라고 보기 힘들다. 따라서 기업 규모는 공매의 누적 비정상 수익의 함수가 되지 못한다고 할 수 있다.

〈그림 4.4〉 기업 규모별 공매 전후 누적 비정상 수익

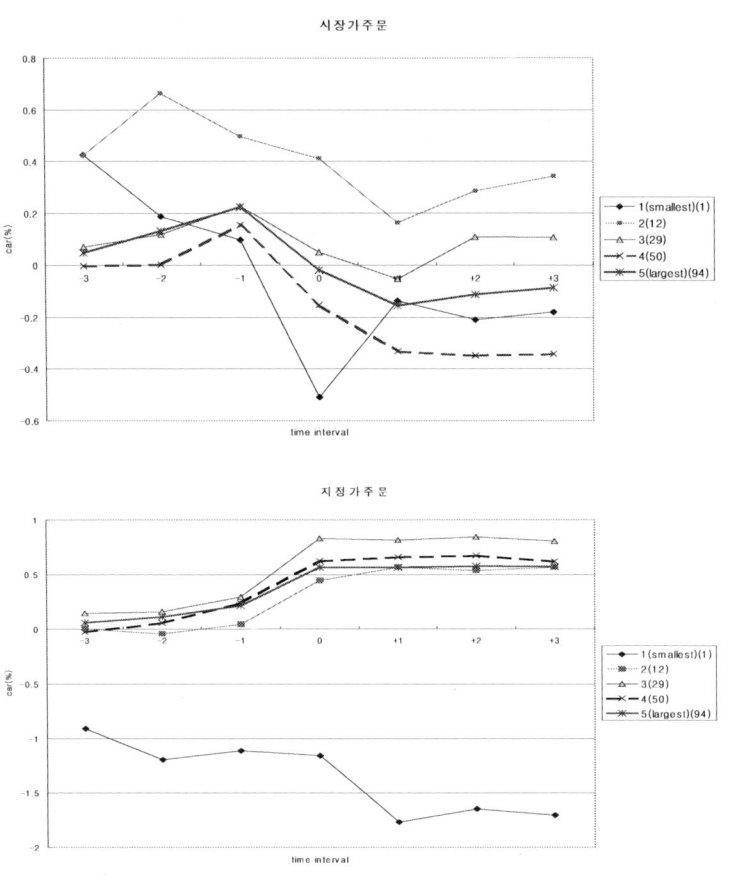

(4) 공매 거래량에 따른 공매의 정보 효과

'공매 거래량이 클수록 비정상 수익의 크기가 크다'는 세 번째 가설을 검증하기 위하여, 모든 공매 거래에 대해 거래량 크기별로 5개 그룹으로 나누어 누적 비정상 수익이 공매 거래의 크기에 따라 어떤 패턴을 갖는지를 살펴보았다. 〈표 4.4〉는 모든 공매 거래를 시장가 주문에 의한 거래와 지정가 주문에 의한 거래로 나눈 뒤 각각 거래량의 크기별로 5개 그룹으로 나눈 표본 통계이다. 전반적으로 시장가 주문에 의한 거래가 지정가 주문에 의한 거래에 비하여 거래 규모가 큼을 알 수 있다.

〈표 4.4〉 공매 거래량별 표본 통계

공매 거래량 순위	표본 수(건)	평균 거래량(주)	최소 거래량	최대 거래량
panel A: 시장가 주문				
1(smallest)	7,407	69	10	100
2	5,122	185	110	250
3	4,315	344	260	490
4	6,519	595	500	990
5(largest)	7,718	1,944	1,000	27,000
panel B: 지정가 주문				
1(smallest)	10,815	32	10	60
2	10,162	94	70	110
3	10,058	183	120	250
4	10,629	393	260	500
5(largest)	9,934	1,261	510	14,390

이 5개 그룹별로 누적 비정상 수익의 패턴을 나타낸 것이 〈그림 4.5〉이다. 이에 의하면 시장가 주문의 경우 공매 거래량이 클수록 음의 비정상 수익이 크다. 다만 평균 공매량이 가장 적은 제1그룹보다 제2그룹의 가격 반응이 작게 나왔다. 지정가 주문의 경우도 역시 제2그룹을 제외하고는 비정상 수익이 거래량의 증가함수임을 알 수 있다. 이는 Easley and O'Hara(1987)와 Karpoff(1987)의 결론과 상응하는 결과이다.

〈그림 4.5〉 공매 거래량별 공매 전후 누적 비정상 수익

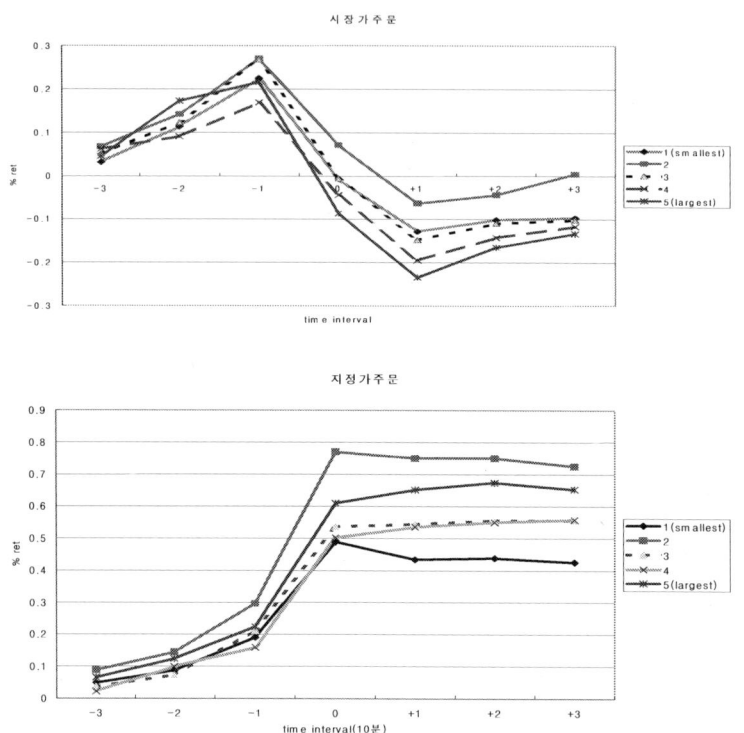

한편 단순히 공매 거래량을 기준으로 그룹을 나눌 때, 가격이 낮은 종목에 가중치가 주어지는 문제를 해결하기 위하여, 공매 거래량을 그 종목의 상장 주식 수로 나눈 값(공매 거래 회전율)을 기준으로도 다섯 그룹으로 나누어 누적 비정상 수익을 구해보았다. 〈그림 4.6〉은 분석 기간 동안 최종 표본의 모든 공매 거래를 시장가 주문에 의한 거래와 지정가 주문에 의한 거래로 나눈 뒤 각각 공매 거래 회전율(거래량/상장 주식 수)의 크기별로 5개 그룹으로 다시 나누어 비정상 수익을 구한 것으로, 단순 거래량을 기준으로 그룹을 나눈 〈그림 4.5〉의 결과와 거의 차이가 없다.

〈그림 4.6〉 공매 거래 회전율별 공매 전후 누적 비정상 수익

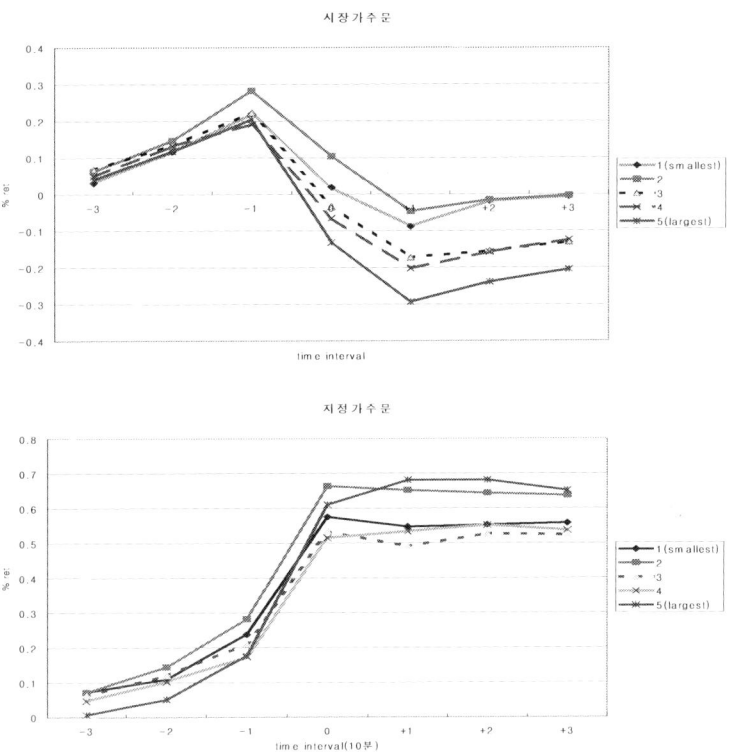

2. 공매의 가격 효과

Kraus and Stoll(1972)과 Holthausen, Leftwich and Mayers(1987)는 대량 거래(block trading)의 가격 효과에 대한 연구에서 대량 거래가 영구적인 가격 효과를 가짐을 보였다. 공매 거래에도 이를 원용하여 가격 효과가 영구 효과(permanent effect)를 갖는지를 분석해 봄으로써 네 번째 가설을 검증하고자 한다.

이들 연구에서 사용한 가격 효과의 척도(measure)를 응용하여, 〈그림 4.7〉과 같이 공매의 가격 효과를 일시 가격 효과, 영구 가격 효과, 그리고 총 가격 효과로 구분하여 측정해 보았다.

〈그림 4.7〉 공매의 가격 효과의 의미

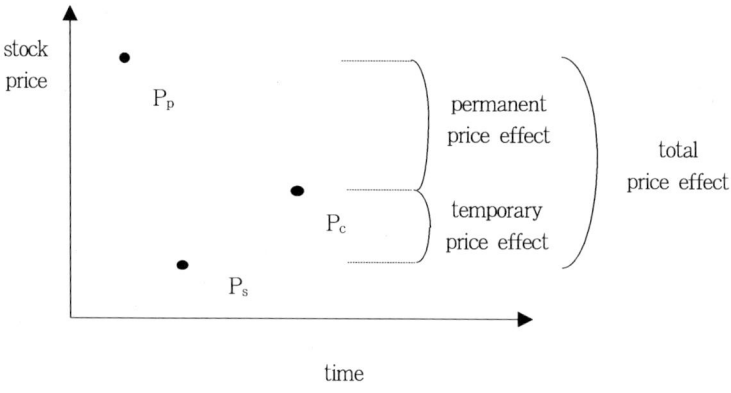

P_p＝공매 거래 직전 균형가격
P_s＝공매 거래 체결가격
P_c＝공매 거래 이후 균형가격

$$일시가격효과 = \ln\left(\frac{P_s}{P_c}\right)$$

$$영구가격효과 = \ln\left(\frac{P_c}{P_p}\right)$$

$$총가격효과 = \ln\left(\frac{P_s}{P_p}\right)$$

P_p는 공매 거래 직전의 가격을 의미하며, 이는 공매 발생에 대한 어떠한 정보도 없는 상태의 주식의 균형 가격을 나타낸다. P_s는 공매 거래 체결 가격을 나타내며, P_c는 공매 거래 이후 일시적인 가격 효과가

사라지고 난 뒤의 균형 가격을 나타낸다. P_s와 P_c의 차이를 일시 효과(temporary price effect), P_c와 P_p의 차이를 영구 효과(permanent price effect), 그리고 이 둘의 합인 $\ln(P_s/P_p)$를 총 가격 효과(total price effect)로 본다. 매도 거래이므로 모든 효과가 음의 값을 갖는 상황을 상정하였다. Kraus and Stoll(1972)과 Holthausen, Leftwich and Mayers(1987)는 공매 거래 이후 균형가격인 P_c를 그날의 종가로 계산하였다.

그러나 종가를 이용할 경우, 하루 중 수익률의 U자형 패턴, 즉 장 마감 5분 동안에 큰 양의 수익률이 존재하는 일중 효과(end-of-the-day effect)가 존재하기 때문에(Harris(1989)), 측정된 일시 효과는 상향 편의(upward bias)를, 영구효과는 하향 편의(downward bias)를 가져오게 된다. 따라서 여기서는 P_c에 대해서 공매 거래 이후 3번째 거래를 대용치로 삼았다. Holthausen, Leftwich and Mayers(1990)도 대량 거래의 가격 효과를 측정하는 연구에서 P_c를 대량 거래 이후 3번째 거래 가격으로 보았다.

앞서 행한 사건 연구로부터 구한 공매와 대응 표본 각각에 대해 평균 차이를 계산하여 어떤 효과가 더 큰지 비교해 본 결과를 〈표 4.5〉에 나타내었다.

대응 표본은 각각의 공매 거래에 대하여 한 달 이내의 같은 종목, 같은 요일, 같은 시간대에서 같은 주문 유형, 같은 투자자 유형, 같은 거래량(없으면 가장 근사한 거래량)을 갖는 일반 매도를 사용하였다. 최종 표본 종목당 거래 규모 상위 50개씩을 뽑아 지정가 주문과 시장가 주문을 나누어 각 효과를 계산한 결과, 시장가 주문의 경우는 -0.359%의 총 가격 효과 중에서 영구 효과(-0.343%)가 일시 효과(-0.016%)를 압도하고 있다.

<표 4.5> 공매의 가격 효과

	일시 가격 효과		영구 가격 효과		총 가격 효과	
	공매	일반 매도	공매	일반 매도	공매	일반 매도
Panel A: 시장가 주문						
Mean	-0.127%	-0.111%	-0.540%	-0.197%	-0.667%	-0.308%
Std. dev	0.87	2.23	1.19	2.20	0.98	0.63
Minimum	-4.42	-7.96	-7.73	-6.75	-5.36	-3.54
Maximum	2.73	6.75	3.45	7.81	0.42	1.62
Mean difference	-0.016		-0.343		-0.359	
t-statistic	-0.102		-1.99		-4.49	
Panel B: 지정가 주문						
Mean	-0.002%	0.015%	-0.009%	-0.085%	-0.011%	-0.070%
Std. dev	0.86	2.13	1.05	2.13	0.77	0.66
Minimum	-0.73	-15.36	-7.76	-12.41	-6.92	-11.0
Maximum	7.76	14.45	9.00	15.36	8.34	7.59
Mean difference	-0.017		0.076		0.059	
t-statistic	-0.487		2.07		3.74	

제5장 공매의 결정 요인

제1절 도 입

  제4장에서는 시장가 주문에 의한 공매 거래 직후 음의 비정상 수익이 발생하고, 약 20분 이내에 조정이 이루어져 영구 가격 효과를 가짐을 보였다. 따라서 공매 거래의 본질이 그 종목에 대한 나쁜 뉴스를 함유한 정보 거래라는 것을 밝혀내었다. 이상이 공매 거래가 시장에 미치는 영향을 분석한 결과 측면의 논의라면, 본 장에서는 이러한 공매 거래에 영향을 미치는 요인이 무엇인가에 대해 살펴보기로 한다.

  Brent, Morse, Stice(1990)은 투자자들이 공매를 하는 동기(motivation)를 과세 소득 이연(tax motivation), 차익 거래와 헷징(arbitrage and hedging), 투기(speculation) 등으로 분류하고, 이러한 동기들에 의해 공매 잔고(short interest)의 변화가 설명될 수 있는지를 1981년부터 1984년까지 4년간에 걸쳐 200여 개의 표본 기업을 추출한 뒤 회귀 분석을 통해 검증하였다. 검증 결과 공매 거래의 변동과 과세 이익이나 손실을 이연시키려는 투자자들의 전략 간의 상관관계는 낮은 통계적 유의성을 나타냈으며, 옵션과 전환 사채가 거래되고 높은 체계적 위험을 가진 주식일수록 공매 잔고가 높은 것으로 나타나, 차익 거래 동기에 대한 설명력을 뒷받침하였다. 아울러 과거 주식 수익률과 공매 잔고의 변화에도 강한 정의 상관관계가 존재하는 것으로 나타나, 투기적 동기에 의한 공매의 변화를 지지하였다.

  우리나라의 주식시장에서 공매에 영향을 미치는 요인이 무엇인지를 규명해보기 위하여, 시장 요인(market-wide information)과 개별 요인

(firm-specific information)으로 나누어 살펴보고자 한다. 공매 투자를 하려는 사람의 입장에서 보면, 시장 전반의 요인도 물론 투자 결정의 중요한 변수가 되겠지만, 개별 종목에 특유한 요인이 보다 더 중요할 것이다. 공매 투자의 주요한 동기 중의 하나인 헷징이나 차익 거래를 위해서는 선물 옵션 시장과 연계된 현물 시장의 시장 포트폴리오(market portfolio)를 구성하기가 수월해야 하는데, 현물 시장에서는 공매 대상 종목의 부족으로 인해 잘 분산된 포트폴리오(well-diversified portfolio)를 구성하기가 어렵고, 또한 미국 시장처럼 개별 종목에 대한 옵션이 존재하지 않기 때문에, 우리 시장에서는 헷징이나 차익 거래 목적의 공매가 상대적으로 적을 것이다. 더욱이 신용 대주로써 운용되고 있는 공매 투자는 개인 투자자만이 가능하므로, 이러한 목적의 공매는 그리 많지 않을 것으로 생각된다. 따라서 시장이 하락할 것이라는 시장 전반에 대한 정보를 가진 투자자라면 굳이 많은 비용이 소요되는 공매를 택하기보다는 주가지수 선물이나 주가지수 옵션 시장을 이용하는 편이 유리할 것이다. 정보가 없지만 위험 회피도가 낮아 레버리지 투자를 선호하는 사람일지라도, 비용이나 숏 포지션의 제약이 훨씬 적은 주가지수 선물이나 옵션 시장을 이용하는 것이 합리적이다. 그러므로 개별 요인, 즉 개별 종목 특유의 요인이 시장 요인보다는 공매를 결정하는 더 중요한 요인일 것으로 생각된다.

제2절 방법론

개별 요인이 시장 요인보다는 공매를 결정하는 더 중요한 요인일 것이라는 가설을 검증하기 위해, 다음과 같은 방법을 수행한다.

첫째, 시장 전체의 움직임이 공매에 미치는 영향을 알아보기 위해, 공매와 시장 수익률과의 관계를 다음과 같이 회귀분석(regression) 한다.

$$SS_t = \alpha + \beta_1 R_{mt-1} + \beta_2 R_{mt} + \beta_3 R_{mt+1} + \varepsilon_t \qquad (5.1)$$

시장 요인의 대용 변수로서 일별 종합 주가지수의 로그 수익률(Rm)을 독립변수로 하고, 일별 평균 공매 거래량을 나타내는 SS_t를 종속변수로 삼는다. t는 거래일을 의미한다. ε_{it} 는 기대값이 0인 순수 오차항이다. 당일의 종합 주가지수 수익률뿐만 아니라, 전일과 그 다음날의 종합 주가지수 수익률도 독립변수로 하여 과거 시장 움직임과 미래 기대 수익이 공매 투자에 영향을 미치는지 함께 고려하였다. SS_t는 각 기업의 공매 거래량(S_{it})을 일별로 합산하여, 그날의 전체 거래량(Vol_{it})을 합산한 값으로 나눈 값이다. 이는 그날의 전체 매도량 중에서 공매가 차지하는 비율을 의미한다.

$$SS_t = \frac{\sum_{i=1}^{N} S_{it}}{\sum_{i=1}^{N} Vol_{it}} \qquad t = 1, \cdots\cdots, 320 \qquad (5.2)$$

SS_t의 자기 상관의 존재로 시차 2까지의 자기 회귀(autoregression)를 고려하여 회귀 분석을 수행한다.

둘째, 시장의 움직임과는 상관없는 개별 종목 특유의 요인이 공매에 미치는 영향을 분석하기 위하여, 개별 주식의 수익률과 공매 거래량 간의 회귀 분석을 수행한다. 그런데 거래가 빈번하지 않은 주식들(infrequently traded securities)의 경우 베타가 과소 추정되는 문제가 있으므로, Dimson(1979)의 계수 합산법(aggregated coefficients method)을 이용하여 베타, 즉 체계적 위험의 불편 추정량(unbiased estimate)을 도출한다. Dimson의 계수 합산법은 거래가 빈번하지 않은 주식들이 있는 경우 식(5.3)과 같은 시장 모형(market model)에서의 진정한 베타를 식(5.4)과 같은 다중 회귀 모형으로부터 식(5.5)처럼 과거, 현재, 미래(preceding, synchronous, subsequent)의 계수를 합산함으로써 추정할 수 있다는 것이다.

$$R_t = a + \beta M_t + \varepsilon_t \tag{5.3}$$

R_t는 개별 주식의 수익률을, M_t는 시장 수익률을 의미한다.

$$\widehat{R_t} = \widehat{a} + \sum_{k=-n}^{n} \widehat{\beta_k} \widehat{M_{t+k}} + \psi \tag{5.4}$$

$$\widehat{\beta} = \sum_{k=-n}^{n} \widehat{\beta_k} \tag{5.5}$$

이처럼 기울기 계수(slope coefficients)를 합산함으로써 베타의 일치 추정량(consistent estimate)을 얻을 수 있다.

이와 같이 Dimson의 방법을 이용하여 시장 모형을 통해 개별 주식의 잔차(residual)를 얻어 공매와의 관계를 다음과 같이 2단계로 분석한다.

$$R_{it} = a + \beta_{i1} R_{mt-1} + \beta_{i2} R_{mt} + \beta_{i3} R_{mt+1} + e_{it} \tag{5.6}$$

$$SS_{it} = a + \gamma_{i1} \widehat{e_{it-1}} + \gamma_{i2} \widehat{e_{it}} + \gamma_{i3} \widehat{e_{it+1}} + \mu_{it} \tag{5.7}$$

식 (5.6)의 R_{it}는 개별 종목의 로그 수익률을 의미하고, 식(5.7)의 SS_{it}는 개별 기업의 일별 공매 거래량을 총거래량으로 나눈 값이다. ei들은 잔차(殘差)로서 개별 요인을 측정하는 변수이다. 식 (5.7)의 SS_{it}와 ei들은 횡단면적으로는 개별 기업, 시계열적으로는 표본 기간(320거래일)에 걸쳐 있는 패널 자료이다. 횡단면과 시계열을 모두 포함하고 있는 패널 자료는 자료로부터 횡단면 정보와 시계열 정보를 한꺼번에 추출할 수 있으므로, 단순한 횡단면 데이터나 시계열 데이터에 비해 정보량이 많고, 횡단면 정보가 동시에 사용됨으로써 단순 시계열 자료에 비해 다중 공선성(multicollinearity) 문제가 적으며, 자유도 및 추정의 효율성이 크다는 장점이 있다. 패널 데이터 분석 방법은 데이터의 시계열적 특성과 횡단면적 특성을 평균이라는 고정된 값으로 고려하는 고정 효과 모형과 데이터의 시계열적 특성과 횡단면적 특성을 오차항으로 고려하는 랜덤 효과 모형으로 대별되는바, 여기서는 랜덤 효과 모형의 하나인 Fuller and Battese(1974) 모형을 이용하여 $\widehat{\gamma}_{it}$를 추정하였다.

Fuller and Battese 모형은 다음과 같은 오차항의 구조를 갖는다.

$$y_{it} = a + \delta x_{it} + u_{it} \tag{5.8}$$

$$u_{it} = \nu_i + e_t + \varepsilon_{it} \tag{5.9}$$

식(5.8)은 식(5.9)과 같은 오차 구조를 갖는 선형 모형이고, 식(5.9)의 ν_i는 개별 기업(횡단면) 랜덤 효과를, e_t는 시계열 랜덤 효과를 나타내며, ε_{it}는 기대값이 0이고 동질적인 공분산 행렬을 가지는 순수 오차항이다. Fuller and Battese 모형과 같은 이원 랜덤 효과 모형에서는 오차항에 시간 오차와 개별 기업 오차가 동시에 존재함으로써, 오차항의 분산 - 공분산 행렬이 대각 행렬이 되지 않는다. 따라서 오차항의 분산이 관측치 별로 동일하다는 표준 선형 회귀 모형에서의 동분산성 (homoscedasticity) 가정이 충족하지 않으며, 오차항의 구조를 고려한 일반 회귀(GLS)로 추정하는 것이 효율적이다.

셋째, 시장 요인과 개별 요인의 상대적 중요성을 평가하기 위해, 시장 변수와 비시장 변수를 동시에 독립변수로 도입하여 SS_{it}와의 관계를 분석한다.

$$SS_{it} = \alpha + \delta_{i1}\widehat{e}_{it-1} + \delta_{i2}\widehat{e}_{it} + \delta_{i3}\widehat{e}_{it+1} + \beta_1 R_{mt-1} + \beta_2 R_{mt} +$$

$$\beta_3 R_{mt+1} + \mu_{it} \tag{5.10}$$

1식(5.7)과 마찬가지로 SS_{it}는 개별 기업의 일별 공매 거래량을 개별 기업의 일별 총거래량으로 나눈 값이고, ei들은 잔차로서 개별 요인을 측정하는 변수이다. 개별 주식의 잔차는 역시 Dimson(1979)의 저빈도 거래(infrequent trading)에 대한 조정 방법을 응용하여 아래와 같은 시장 모형을 통하여 얻었다. 즉,

$$\widehat{e}_{it} = R_{it} - (\widehat{\beta}_{i0} + \widehat{\beta}_{i1} R_{mt-1} + \widehat{\beta}_{i2} R_{mt} + \widehat{\beta}_{i3} R_{mt+1}) \tag{5.11}$$

식(5.10)의 회귀 분석을 통하여 각 종목별로 추정된 모수 δ_i와 β_i를 각각 횡단면적으로 평균을 구하여 SS_{it}와의 관계를 살펴보았다.

제3절 실증 분석

1. 시장 움직임과 공매의 관계

이상의 분석을 위한 자료는 1996년 11월 25일에서 1997년 12월 27일까지 320거래일 동안 공매 거래가 존재한 총 302종목 중에서 20거래일 미만으로 공매 거래가 존재하거나, 표본 기간 중 관리 종목에 편입된 경우, 그리고 기간 중에 신규 상장된 종목을 제외한 보통주 186종목의 일별 자료를 대상으로 하였다.

〈표 5.1〉은 전일, 당일, 그리고 다음날의 종합 주가지수의 움직임에 따른 일별 공매 비율의 평균을 나타낸다. 공매 비율은 SS_t를 의미하는 바, SS_t는 각 기업의 공매 거래량(S_{it})을 일별로 합산하여, 그날의 전체 거래량(Vol_{it})을 합산한 값으로 나눈 값이다.

〈표 5.1〉 공매 비율과 시장 수익률

시장 수익률		전체 기간			기간 1			기간 2	
	일	총거래일	공매비율(%)	일	총거래일	공매비율	일	총거래일	공매비율
R_{mt-1} 〉0	141	26,070	1.56	111	20,508	1.45	30	5,562	1.99
〈0	179	32,909	1.89	136	25,020	1.75	43	7,889	2.34
			(7.93)			(6.77)			(3.48)
R_{mt} 〉0	142	26,242	1.57	112	20,691	1.47	30	5,551	1.95
〈0	178	32,737	1.89	135	24,837	1.74	43	7,900	2.37
			(7.72)			(6.01)			(4.18)
R_{mt+1} 〉0	142	26,138	1.67	112	20,588	1.55	30	5,550	2.10
〈0	178	32,841	1.81	135	24,940	1.67	43	7,901	2.26
			(3.42)			(2.59)			(1.58)

시장 수익률 3개의 변수가 각각 (+)인 날과 (-)인 날로 나누어, 각각의 경우 공매 비율의 평균값을 구하였다. 아시아 금융 위기가 시작된 1997년 10월 1일을 기준으로 두 기간으로 나누었다.

공매 비율은 대부분의 경우 전날, 당일, 다음날의 종합 주가지수가 상승한 날에 비하여, 하락한 날 공매 비율이 유의적으로 크다. 전날과 당일에 시장이 하락하면 상대적으로 공매가 증가하였고, 공매가 증가한 다음날의 시장도 하락함을 보이나, 그 정도가 약함을 알 수 있다. 특히 기간 2의 경우는 공매가 증가한 다음날의 시장의 하락이 유의적이지 않다.

〈표 5.2〉는 시장 전체의 움직임이 공매에 미치는 영향을 알아보기 위해 공매와 전날, 당일, 그리고 다음날의 종합 주가지수를 회귀 분석을 한 결과이다.

〈표 5.2〉 시장 움직임과 공매의 관계

Variable	Parameter Estimate	Standard Error	T for H0: Parameter=0	Prob 〉 |T|
전체 기간(1996/11/25-1997/12/27)				
α	0.016	0.000	34.72**	0.000
R_{mt-1}	-0.030	0.024	-1.29	0.199
R_{mt}	-0.021	0.024	-0.90	0.371
R_{mt+1}	-0.024	0.024	-1.02	0.309
기간 1(1996/11/25-1997/9/30)				
α	0.017	0.000	29.28**	0.000
R_{mt-1}	-0.050	0.047	-1.07	0.287
R_{mt}	-0.004	0.047	-0.08	0.940
R_{mt+1}	-0.016	0.046	-0.35	0.728
기간 2(1997/10/01-1997/12/27)				
α	0.017	0.002	9.58**	0.000
R_{mt-1}	-0.005	0.018	-0.28	0.783
R_{mt}	-0.022	0.016	-1.33	0.187
R_{mt+1}	-0.019	0.017	-1.12	0.267

*는 유의 수준 0.05를, **는 유의 수준 0.01을 나타냄.

  표본의 전체 기간에서 당일의 종합 주가지수가 상승(하락)하면 당일
의 전체 매도량에서 공매가 차지하는 비율이 낮다(높다)는 결과를 보이
지만, 통계적으로 유의적이지는 못하다. 시장 위기 국면 전후에도 별 다
른 차이를 보이지 않는다. 이는 시장의 움직임이 공매 투자의 결정 요
인이 되지 못함을 의미한다.

2. 개별 요인과 공매의 관계

  〈표 5.3〉은 개별 종목 특유의 요인이 공매에 미치는 영향을 알아보기
위해, 시장 모형을 통해 얻은 개별 주식의 잔차와 공매 비율 간의 회귀
분석을 수행한 결과이다.

〈표 5.3〉 개별 종목의 움직임과 공매의 관계

Variable	Parameter Estimate	Standard Error	T for H0: Parameter=0	Prob 〉 |T|
전체 기간(1996/11/25-1997/12/27)				
α	0.017	0.001	11.33**	0.00
γ_{it-1}	0.058	0.007	8.67**	0.00
γ_{it}	0.086	0.007	12.83**	0.00
γ_{it+1}	0.012	0.007	1.77	0.08
기간 1(1996/11/25-1997/9/30)				
α	0.016	0.001	10.53**	0.00
γ_{it-1}	0.076	0.008	9.76**	0.00
γ_{it}	0.088	0.008	11.28**	0.00
γ_{it+1}	0.008	0.008	1.03	0.31
기간 2(1997/10/01-1997/12/27)				
α	0.022	0.002	9.92**	0.00
γ_{it-1}	0.027	0.012	2.10*	0.04
γ_{it}	0.086	0.012	6.68**	0.00
γ_{it+1}	0.024	0.012	1.85	0.06

*는 유의 수준 0.05를, **는 유의 수준 0.01을 나타냄.

전날과 당일의 개별 종목의 수익률의 잔차가 당일의 공매 비율을 강하게 설명해 주고 있다. 전날과 당일, 해당 종목이 시장 수익률을 초과하여 상승(하락)할 때 공매 비율이 증가(감소)함을 나타내고 있다. 이는 전날과 당일의 개별 종목 특유의 요인들에 의해 공매가 결정됨을 의미한다.

3. 공매 비율에 대한 시장 수익률과 개별 수익률 잔차의 회귀 분석

〈표 5.4〉에서는 시장 요인과 개별 요인의 상대적 중요성을 평가하기 위하여, 두 요인을 동시에 독립변수로 이용하였을 때의 결과를 보이고 있다. 각 종목별로 추정된 모수 δ_i와 β_i의 횡단면 평균이 표에 나타나 있다.

재미있는 결과는 전날과 당일의 개별 요인과 시장 요인 모두 공매에 영향을 미치고 있는데, 부호가 반대라는 점이다. 전날과 당일 시장이 하락하면 당일의 공매가 증가하고, 시장이 상승하면 당일의 공매는 감소하는 전형적인 가격 추종 거래(positive feedback trading)의 형태를 보이는 반면, 개별 요인의 경우 전날과 당일 개별 종목이 시장 수익률을 초과하여 오르면 공매 비율을 늘리고, 내리면 줄이는 역투자 전략(contrarian strategy)과 유사한 형태가 나타난다.

상대적으로 시장 요인에 비하여 개별 요인의 영향이 통계적으로 강하게 나타났다. 그리고 기간 2에서는 시장 요인과 개별 요인이 공히 당일에만 공매를 설명해주고 있는데, 위기 국면에서는 정보의 수명이 매우 짧아지고 변동성이 심하여 전날의 요인이 공매에 영향을 미치지 못한다는 증거라 하겠다.

〈표 5.4〉 공매 비율의 결정 요인 분석

전체 기간(1996/11/25-1997/12/27)

규 모	constant	$\widehat{e}_{it-1}$	$\widehat{e}_{it}$	$\widehat{e}_{it+1}$	R_{mt-1}	R_{mt}	R_{mt+1}	종목 수
1(최소)	0.009	-0.007	0.013	-0.031	-0.040	-0.021	-0.003	1
2	0.007	0.025	0.027	-0.005	0.009	0.021	-0.016	12
	(4.43)	(2.95)	(1.71)	(-0.70)	(0.65)	(1.14)	(-0.80)	
3	0.009	0.019	0.022	-0.024	0.014	-0.011	-0.019	29
	(6.47)	(2.39)	(1.16)	(-1.30)	(0.56)	(-0.42)	(-0.92)	
4	0.014	0.040	0.062	-0.012	-0.088	-0.054	-0.028	50
	(8.06)	(3.00)	(3.12)	(-0.94)	(-3.23)	(-1.87)	(-1.22)	
5(최대)	0.023	0.062	0.105	0.014	-0.023	-0.053	-0.011	94
	(9.26)	(5.45)	(5.68)	(1.33)	(-2.00)	(-3.27)	(-0.83)	
Total	0.017	0.047	0.075	-0.000	-0.033	-0.042	-0.017	186
	(12.06)	(6.68)	(6.56)	(-0.03)	(-3.12)	(-3.45)	(-1.75)	

기간 1(96/11/25-97/09/30)

규 모	constant	$\widehat{e}_{it-1}$	$\widehat{e}_{it}$	$\widehat{e}_{it+1}$	R_{mt-1}	R_{mt}	R_{mt+1}	종목 수
1	0.011	-0.005	0.025	0.044	-0.181	-0.142	-0.047	1
2	0.008	0.039	0.045	-0.008	0.016	0.009	-0.016	12
	(4.11)	(2.50)	(1.68)	(-0.48)	(0.32)	(0.20)	(-0.25)	
3	0.007	0.026	0.009	-0.012	0.014	-0.022	0.054	29
	(5.26)	(1.68)	(0.65)	(-0.72)	(0.57)	(-0.75)	(1.78)	
4	0.012	0.065	0.076	-0.010	-0.120	-0.041	-0.045	50
	(7.91)	(4.06)	(4.54)	(-0.57)	(-3.03)	(-1.18)	(-1.30)	
5	0.022	0.094	0.124	-0.004	-0.067	-0.086	-0.051	94
	(9.02)	(5.41)	(5.65)	(-0.29)	(-2.54)	(-2.89)	(-1.98)	
Total	0.016	0.072	0.088	-0.007	-0.064	-0.058	-0.031	186
	(11.46)	(6.97)	(6.93)	(-0.81)	(-3.55)	(-3.19)	(-1.77)	

기간 2 (97/10/01-97/12/27)

규 모	constant	$\widehat{e}_{it-1}$	$\widehat{e}_{it}$	$\widehat{e}_{it+1}$	R_{mt-1}	R_{mt}	R_{mt+1}	종목 수
1	-	-	-	-	-	-	-	1
2	0.002	-0.002	-0.007	-0.003	-0.003	0.015	-0.015	12
	(2.04)	(-0.24)	(-0.95)	(-0.41)	(-0.30)	(1.09)	(-0.87)	
3	0.017	0.024	0.062	-0.053	0.017	0.014	-0.048	29
	(5.34)	(1.63)	(1.68)	(-1.79)	(0.43)	(0.49)	(-2.03)	
4	0.020	-0.004	0.049	-0.007	-0.069	-0.052	-0.004	50
	(5.67)	(-0.18)	(1.18)	(-0.22)	(-2.01)	(1.59)	(-0.12)	
5	0.027	0.034	0.102	0.059	-0.013	-0.042	0.004	94
	(8.35)	(2.16)	(4.68)	(3.04)	(-1.22)	(-2.58)	(0.24)	
Total	0.021	0.019	0.074	0.020	-0.022	-0.032	-0.008	186
	(10.85)	(1.86)	(4.41)	(1.40)	(-1.81)	(-2.48)	(-0.64)	

이상의 결과가 기업의 규모에 따라 차이가 있는지를 검토하기 위해, 1996년 말 기준 시가 총액순 5개 그룹으로 나누어 분석하였다. 공매가 발생한 최소 규모의 제1그룹에 포함되는 종목은 하나밖에 없어 유의도를 측정하기 어렵지만, 대체로 규모가 작은 기업들의 경우 공매를 결정하는 요인들의 통계적 유의도가 낮다. 위의 결과는 규모가 큰 제4, 5그룹의 종목들에 해당됨을 알 수 있다.

주가지수 선물과 주가지수 옵션 시장의 존재로 인하여 시장 전체의 움직임에 대한 정보를 가지고 있는 투자자라면 공매보다는 선물이나 옵션의 매도 포지션을 취할 가능성이 많고, 개별 요인, 즉 개별 종목 특성에 관한 정보를 가진 투자자라면 개별 종목에 대한 선물이나 옵션이 존재하지 않는 우리나라 시장에서는 공매를 이용할 것이므로, 공매는 상대적으로 시장 요인보다는 개별 요인에 의해 강하게 영향을 받는다고 할 수 있다.

4. KOSPI 200종목 여부에 따른 공매의 결정 요인

KOSPI 200지수를 대상으로 하는 주가지수 선물 시장[28]이 존재하는 우리나라 시장에서, 현물 시장의 공매 거래가 선물 시장과 연계되어 발생할 가능성이 있다. 주가지수 선물의 움직임은 시장의 움직임과 궤를 같이 하므로, 현물 시장의 KOSPI 200지수를 구성하고 있는 종목들의 경우는 개별 요인뿐만 아니라, 시장 요인도 중요한 요소가 될 것이다. KOSPI 200지수를 구성하고 있지 않은 종목들의 경우는 선물 시장과 연계가 불가능하므로, 상대적으로 시장 요인보다는 개별 요인이 더 중요한 요소가 될 것이다. 따라서 공매 거래 종목이 KOSPI 200종목에 포

---

28) 1996년 5월 3일에 개설되었다.

함되는지의 여부에 따라 〈표 5.4〉에서의 방법으로 공매의 결정 요인 분석을 수행하였다.

〈표 5.5〉는 KOSPI 200종목 여부를 구분하고, 일별 공매 비율에 대하여 개별 주식의 잔차와 종합 주가지수 수익률을 동시에 독립변수로 고려, 회귀 분석한 결과이다. 복잡을 피하기 위하여 기업 규모별로 나누지 않고 전체에 대한 결과만을 나타냈다.

〈표 5.5〉 KOSPI 200종목 여부에 따른 공매의 결정 요인 분석

constant	$\widehat{e}_{it-1}$	$\widehat{e}_{it}$	$\widehat{e}_{it+1}$	R_{mt-1}	R_{mt}	R_{mt+1}
전체 기간(1996/11/25-1997/12/27)						
KOSPI 200지수에 포함된 종목						
0.021	0.059	0.107	0.003	-0.038	-0.047	-0.032
(10.53)	(5.96)	(6.93)	(0.31)	(-2.79)	(-2.85)	(-2.70)
KOSPI 200지수에 포함되지 않은 종목						
0.009	0.030	0.030	-0.005	-0.031	-0.011	-0.016
(8.74)	(3.83)	(2.05)	(-0.40)	(-1.56)	(-0.55)	(-1.10)
기간 1 (96/11/25-97/09/30)						
KOSPI 200지수에 포함된 종목						
0.021	0.097	0.124	-0.002	-0.101	-0.083	-0.041
(10.23)	(7.07)	(6.70)	(-0.17)	(-3.76)	(-3.21)	(-1.64)
KOSPI 200지수에 포함되지 않은 종목						
0.008	0.030	0.027	-0.002	0.000	-0.011	-0.009
(8.33)	(2.69)	(2.09)	(-0.15)	(0.02)	(-0.56)	(-0.37)
기간 2 (97/10/01-97/12/27)						
KOSPI 200지수에 포함된 종목						
0.025	0.012	0.098	0.023	-0.021	-0.036	-0.022
(9.08)	(0.77)	(5.65)	(1.31)	(-1.40)	(-2.08)	(-1.65)
KOSPI 200지수에 포함되지 않은 종목						
0.012	0.039	0.040	-0.018	-0.039	-0.005	-0.015
(5.60)	(2.97)	(1.66)	(-1.00)	(-1.37)	(-0.25)	(-0.90)

KOSPI 200지수를 구성하고 있는 종목들의 경우는 〈표 5.4〉의 경우와 유사하지만 더 강한 결과를 도출하였다. 시장 요인의 경우 전날과 당일 시장이 하락하면 당일의 공매가 증가하고, 시장이 상승하면 당일의 공매는 감소하는 모습을 보였고, 개별 요인의 경우 전날과 당일 개별 종목이 시장 수익률을 초과하여 오르면 공매가 증가하고, 내리면 감소하는 형태가 나타났다. KOSPI 200종목에 포함되지 않은 종목의 경우 시장 요인은 공매를 결정하는 요인이 되지 못하였다. 전 기간에 걸쳐 시장 요인은 하나도 유의적이지 않았고, 오직 개별 요인만이 공매에 영향을 미치고 있다. 이는 앞서 설명한 바와 같이 KOSPI 200지수를 구성하고 있지 않은 종목들의 경우는 선물 시장과 연계가 불가능하므로, 시장의 움직임에 민감하지 않음을 의미한다. 이러한 종목들에 대한 공매 투자는 시장 요인보다는 개별 종목 특유의 요인이 더 중요한 요소가 될 것이다.

5. 주문의 유형에 따른 공매의 결정 요인

〈표 5.6〉에서는 개별 요인과 시장 요인의 어느 것이 더 공매에 영향을 미치는가를 시장가 주문에 의해 체결된 공매와, 지정가 주문에 의해 체결된 공매로 구분하여 세부 분석을 행하였다.

전체 기간에서 시장가 공매를 결정짓는 요인은 당일의 개별 요인과 당일의 시장 요인이고, 앞서의 결과와 마찬가지로 부호는 반대이다. 지정가 공매의 경우는 기간 1을 제외하고는 시장 요인과 개별 요인 모두 유의적이지 못하다.

〈표 5.6〉 주문 유형에 따른 공매의 결정 요인

constant	$\widehat{e}_{it-1}$	$\widehat{e}_{it}$	$\widehat{e}_{it+1}$	R_{mt-1}	R_{mt}	R_{mt+1}
전체 기간(1996/11/25-1997/12/27)						
시장가 주문에 의해 체결된 공매 거래						
0.009	0.000	0.000	0.000	-0.015	-0.075	-0.020
(11.91)	(1.21)	(3.97)	(1.35)	-(1.62)	-(5.38)	-(2.43)
지정가 주문에 의해 체결된 공매 거래						
0.016	0.000	0.001	-0.001	-0.155	-0.072	-0.011
(9.22)	-(0.32)	(1.93)	-(1.73)	-(1.67)	-(1.57)	-(0.20)
기간 1 (96/11/25-97/09/30)						
시장가 주문에 의해 체결된 공매 거래						
0.009	0.000	0.000	0.000	-0.012	-0.137	0.013
(11.31)	(3.17)	(3.29)	-(0.33)	-(0.92)	-(6.97)	(0.98)
지정가 주문에 의해 체결된 공매 거래						
0.013	0.001	0.001	0.000	-0.135	-0.016	0.005
(8.87)	(2.59)	(3.29)	-(1.11)	-(2.90)	-(0.28)	(0.09)
기간 2 (97/10/01-97/12/27)						
시장가 주문에 의해 체결된 공매 거래						
0.013	0.000	0.000	0.000	-0.025	-0.030	-0.027
(9.79)	-(0.53)	(2.68)	(1.70)	-(2.02)	-(2.32)	-(2.49)
지정가 주문에 의해 체결된 공매 거래						
0.028	-0.002	0.003	-0.001	-0.194	-0.055	0.012
(4.60)	-(1.75)	(1.14)	-(0.83)	-(1.08)	-(1.05)	(0.12)

제6장 공매와 시장 안정성

제1절 도 입

　신용 거래가 시장의 가격 형성에 미치는 효과에 대하여 주가 변동에 안정 요인인가 격화 요인인가 하는 것으로 의견이 나뉜다.

　적정한 가수급의 도입에 의해 가격 평준화 작용이 기대된다고 하는 이른바 전통적 이론은 '주가의 급등 시에는 공급을, 급락 시에는 수요를 유발시켜 주식의 가격 변동에 대하여 안정화 기능을 발휘하거나, 매매 거래를 위한 가격 형성에 있어서 매도 편중 또는 매수 편중에 의해 발생하는 가격의 급격한 변동을 방지하여 가격을 평준화시킨다'고 주장한다. 즉 공매는 물량 공급이 부족할 때 신용 공여의 형태로 공급을 인위적으로 창출하고, 공매한 부분에 대하여는 장래 일정 시점에 다시 매수하여 상환해야 하므로, 잠재적인 수요가 되어 정상 수요와 함께 유효 수요의 역할을 함으로써 주식의 유통을 원활히 한다. 따라서 주식의 가격이 상승할 때는 폭등을 억제하고, 하락할 때는 폭락을 억제하여 주식 등락의 폭을 좁힘으로써 주식 가격을 안정시키는 역할을 한다는 것이다.

　반면 신용 거래가 주가 변동의 격화 요인이라는 주장의 내용은 다음과 같다. 시장이 충분히 경쟁적이지 않고, 가격 지배력이 있는 거액의 자산을 가진 투자자가 있을 경우, 그 투자자는 가격을 임의의 수준으로 조작할 가능성이 있는데, 이러한 투자자는 신용 거래를 이용하여 그 가격 지배력을 더욱 강화시킬 수 있다. 또한 자기 자금만으로는 가격 지배력이 충분하지 못한 투자자도 신용 거래를 이용하여 가격 지배력을 얻을 수 있다. 이러한 경우에는 신용 거래 제도가 오히려 시장의 가격 형성 기능을 손상시킬 우려가 있다. 그리고 시장의 저변이 취약한 경우의 대량 매매는 투자자가 의도하지 않은 큰 폭의 가격 변동을 초래할 수도 있다. 따라서 신용 거래가 가격을 장기 균형 가격에서 점점 괴리시킬 수도 있다는 것이다. 즉 공매는 인위적으로 공급을 창출함으로써 불공정한 경쟁상태하에서 주식 시세의 하락을 야기할 뿐만 아니라, 시세 변동의 진폭을 크게 하고 그 빈도를 잦게 함으로써 투기를 조장하여 시장의 불안정을 심화시킨다는 것이다(김용면(1995)).

이러한 이슈에 대해 신용 거래의 한 축으로서의 공매가 과연 가격의 연속성과 주가 변동성에 어떠한 영향을 미치는가를 살펴봄으로써, 공매가 과연 우리나라의 주식시장을 악화시키는 요인으로 작용하고 있는지를 검토해 보고자 한다.

공매 거래와 직접 관련은 없으나, 우리나라 증권시장에서 외국인 투자자들이 시장을 불안정하게 하는 역할을 하는지에 대해 분석한 Choe, Kho and Stulz(1998)의 방법론에 의거하여, 다음과 같이 일중 분석과 일별 분석을 각각 수행한다.

제2절 일중 분석

1. 자료 및 방법론

1996년 11월 25일부터 1997년 12월 27일까지 하루를 5분 간격으로 46개의 구간(9:30-15:00)으로 나눈 뒤, 각 구간별로 표본 기간의 186종목에 대하여 공매 거래 비율(공매 거래량/총거래량)을 구한다. 11:30-13:00 동안의 점심시간과 14:50-15:00의 후장 동시 호가 시간은 삭제하여 없는 걸로 간주한다. 즉 11:30-13:05 동안과 14:45-15:00의 구간을 각각 하나의 구간으로 처리한다. 이 중 각 종목별로 구간별 공매 거래 비율 상위 20개씩을 뽑아 그 구간의 전후 5개씩의 주식 수익률을 구한다.

공매 거래 비율은 높으나 공매 거래량이 적은 경우를 배제하기 위하여 그 구간의 공매 거래량이 1,000주 미만인 것은 삭제하였고, 상위 20위 이하이더라도 공매 거래 비율이 50%가 넘으면서 공매 거래량이 5,000주가 넘는 구간을 포함하였다.

하루 중 수익률의 범위(day boundary)를 넘지 않게 하기 위하여, 7번째 구간(10:00-10:05) 이상과 41번째 구간(14:20-14:25) 이하에서만 뽑히도록 하였고[29], 25번째 구간(11:30-13:05)은 동시 호가 거래가 포함되어 있으므로, 표본 추출에서 제외하였다.

〈표 6.1〉 5분 간격의 공매 거래량과 공매 비율의 기술 통계량

기술통계량	전체 기간(N=1,400)		기간 1(N=953)		기간 2(N=447)	
	공매거래량(주)	공매비율	공매거래량	공매비율	공매거래량	공매비율
평 균	4,127	0.89	3,888	0.91	4,638	0.86
Max	37,610	1.00	25,000	1.00	37,610	1.00
Q3	5,300	1.00	5,000	1.00	6,040	1.00
Median	2,515	1.00	2,340	1.00	3,000	1.00
Q1	1,540	0.79	1,500	0.84	1,700	0.69
Min	1,010	0.50	1,010	0.50	1,020	0.50

〈표 6.1〉은 이렇게 추출한 표본의 기술 통계량이다. 전체 2,737,920개의 구간 중에서 1,400개의 표본 구간이 추출되었고, 추출된 표본의 평균 공매 거래량은 4,127주, 평균 공매 비율은 89%이다. 표본으로 뽑힌 구

---

29) 예컨대 3번째 구간인 9:40-9:45 구간이 표본으로 뽑히게 되면, 그 구간 전 2개 구간의 수익률밖에 구할 수 없기 때문이다.

간의 공매 거래 집중률이 대단히 높으며, 공매 거래의 효과를 살펴보기에 적절한 표본이라 볼 수 있다. 5분이라는 짧은 순간이 하나의 구간으로 설정되어 공매 거래의 효과가 다른 효과와 혼합되어 나타날 가능성이 적은 것이 바로 이 일중 분석의 장점이라 하겠다. 아시아 금융 위기 전 시점인 1997년 10월 1일 이전에서는 총 953개의 구간이 선정되었고, 평균 공매 거래량은 3,888주이고, 평균 공매 비율은 91%이다. 2기간에서는 447개의 표본이 추출되었고, 4,638주의 평균 공매 거래량과 86%의 평균 공매 비율을 보였다.

이렇게 뽑힌 1,400개의 구간에 대하여 전후 5분 간격 5개 구간의 수익률을 구한다. 즉 공매 거래가 많이 일어난 시점 전후의 수익률 패턴을 분석하여, 공매 거래로 인한 시장 교란이 나타나는지를 살펴보았다. 수익률 패턴과 더불어 비정상 수익률의 패턴도 함께 구하였는데, 이는 각 종목별로 같은 요일, 같은 구간의 수익률을 전 표본 기간에 걸쳐 평균을 구한 값을 대응 표본으로 삼아, 앞서 구한 주식 수익률에서 이 값을 뺀 조정 수익률(mean-adjusted return)을 비정상 수익률로 삼았다. 또한 조정 수익률에 절대값을 취하여 이를 변동성(volatility)의 지표로 삼았다. 수익률, 조정 수익률, 그리고 변동성의 계산 방법은 아래와 같다.

$$R_{it} = \ln\left(\frac{P_{it}}{P_{it-1}}\right), \quad t = -5, \ \cdots\cdots 0 \cdots\cdots, \ +5, \quad i = 1, \ \cdots\cdots, 1400 \qquad (6.1)$$

$$R_t = \sum_{i=1}^{n} R_{it} \ / \ n \qquad (6.2)$$

$$BEN_{kt} = \sum_{k=1}^{m} \ln\left(\frac{P_{kt}}{P_{kt-1}}\right) \ / \ m \quad k = 1, \ \cdots\cdots, \text{각 요일의 총합} \qquad (6.3)$$

$$MAR_t = \sum_{i=1}^{n} (R_{it} - BEN_{kt}) \ / \ n \qquad (6.4)$$

$$Vol_t = \sum_{i=1}^{n} | R_{it} - BEN_{kt} | / n \qquad\qquad (6.5)$$

각 구간별 주식 수익률은 (6.1)과 같이 두 구간의 가격 비율의 로그값으로 구하였고, 표본들의 평균은 (6.2)식처럼 구하였다. 조정 수익률(mean-adjusted return)은 (6.1)에서 구한 수익률에서 대응 표본의 수익률을 뺀 값으로 계산하였는데, 대응 표본은 (6.3)식과 같이 각 종목별로 같은 요일, 같은 구간의 수익률을 전 표본 기간에 걸쳐 평균을 구한 값(BEN_{kt})으로 사용하였다. 조정 수익률의 평균값(MAR_t)은 (6.4)식처럼 계산하였고, (6.5)식에서 조정 수익률에 절대값을 취한 다음 평균값(Vol_t)을 계산하여 변동성(volatility)의 지표로 삼았다. 수익률과 조정 수익률의 평균이 대응 표본의 평균과 다른지를 검증하기 위하여 괄호 안에 t값을 계산하였다.

조정 수익률을 구할 때, 요일을 통제한 이유는 〈그림 6.1〉에 나타나 있는바, 요일별 누적 수익률의 일중 패턴이 상이하기 때문이다.

〈그림 6.1〉은 1996년 11월 25일부터 1997년 12월 27일까지 하루를 5분 간격으로 46개의 구간(9:30-15:00)으로 나눈 뒤, 186종목에 대하여 각 요일별로 구간별 누적 수익률을 나타낸 것이다. 1981년 12월 1일부터 1983년 1월 31일까지 296거래일 동안 NYSE에서 거래되는 1,616종목의 15분 간격의 일중 누적 수익률 패턴을 구한 Harris(1986)의 경우에서 보는 바처럼 월요일의 수익률이 다른 날과 현격한 차이를 보이지는 않지만, 월요일이 다른 요일과 조금 다른 패턴을 보인다.[30]

---

30) Wood, McInish, and Ord(1985)는 미국 증권시장에서 하루를 1분 간격으로 나누어 일중 수익률이 U자형 패턴을 가짐을 보였다. 이는 하루를 1시간 간격으로 나누어 분석한 Jain and Joh(1988)에서도 재확인되었다. 장하성(1992)은 우리나라 증권시장에서 1989년 8월 1일부터 1990년 7월 31일까지 하루를 20분 간격으로 나누어, V자형 일중 수익률 패턴을 발견하였다.

〈그림 6.1〉 일중 누적 수익률 패턴

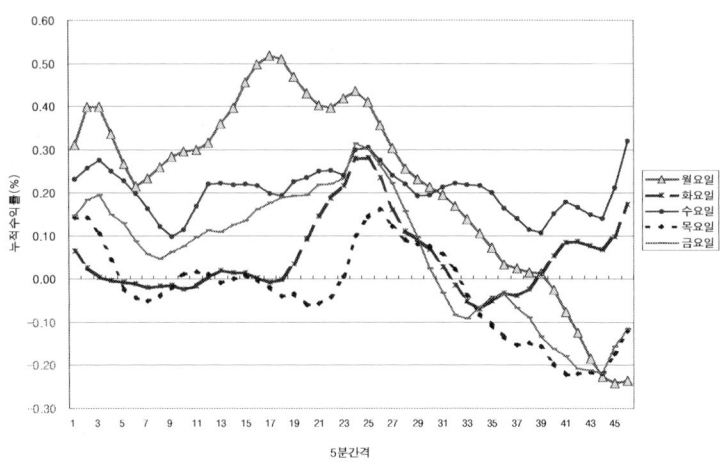

그리고 기간을 나누어 분석한 이유는 〈그림 6.2〉의 기간별, 구간별 일중 수익률 패턴에서 알 수 있다.

〈그림 6.2〉는 1996년 11월 25일부터 1997년 12월 27일까지 하루를 5분 간격으로 46개의 구간(9:30-15:00)으로 나눈 뒤, 186종목에 대하여 구간별로 평균 수익률을 구해 일중 수익률 패턴을 나타낸 그림인데, 아시아 금융 위기 전후, 두 기간(기간 1: 1996/11/25-1997/09/30, 기간 2: 1997/10/01-1997/12/27)으로 나누어 비교해 보았다.

아시아 금융위기 이후로 일중 수익률의 변동성이 매우 큰 폭으로 증가하였음을 알 수 있다. 따라서 각 구간별 수익률이 기간 1과 기간 2에서 매우 다른 양상을 보이므로, 두 기간을 구분하여 볼 필요가 있다.

그리고 이벤트 전후 5개씩의 5분 간격 수익률을 구하기 위해서는 12개 구간의 가격이 필요한데, 오전 장만 개장하는 토요일의 경우는 구간의 자유도가 적으므로 제외하였고, 구간별 공매 비율을 집계할 때 접속 매매 거래와 성격이 다른 동시 호가 거래는 제외하였다.

〈그림 6.2〉 개별 종목의 일중 수익률 패턴

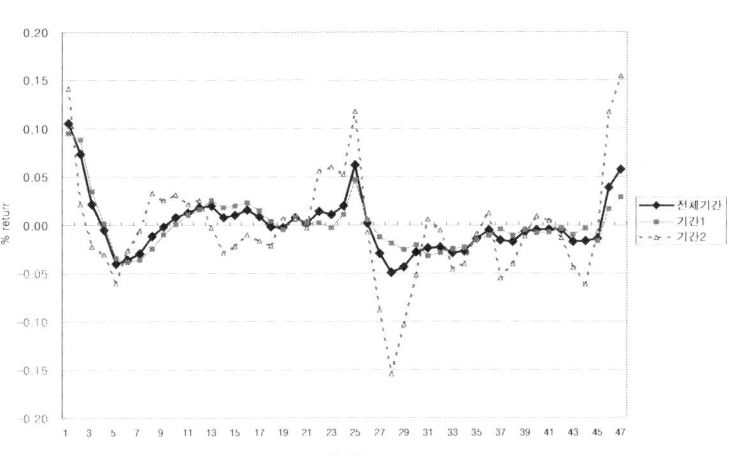

2. 실증 결과

(1) 공매 전후 5분 간격 일중 수익률과 변동성

분석을 통하여 대량의 공매 이벤트 이후의 조정 수익률이 유의적으로 (-)값을 갖지 않고, 변동성이 지속적이고 가파른 상승을 보이지 않는다면, 공매가 시장을 더욱 악화시킨다고 볼 수 없다. 〈표 6.2〉의 결과가 이를 증명하고 있다.

〈표 6.2〉는 1996년 11월 25일부터 1997년 12월 27일까지 하루를 5분 간격으로 46개의 구간(9:30-15:00)으로 나눈 뒤, 각 구간별로 표본 기간의 186종목에 대하여 앞서 방법론에서 설명한 바와 같이 구간별 공매 거래 비율(공매 거래량/총거래량) 상위 20위 이상의 구간을 선택하여, 선택된 구간 전후 5개씩의 수익률, 조정 수익률, 변동성의 평균값들을 구한 것이다.

<표 6.2> 공매 주변의 5분 간격 일중 수익률과 변동성

평균통계량	-5	-4	-3	-2	-1	0	+1	+2	+3	+4	+5	car(-1,5)
					공매 주변의 5분 간격 수익률							
					전체기간(1996/11/25-1997/12/27: N=1,400)							
수익률	0.049	-0.033	-0.035	-0.065	-0.055	-0.118	0.019	0.020	0.025	0.019	0.012	-0.079
	(1.82)	(-1.32)	(-1.60)	(-2.81)	(-2.38)	(-4.66)	(0.94)	(0.93)	(1.18)	(0.99)	(0.55)	(-1.68)
조정수익률	0.056	-0.023	-0.028	-0.056	-0.046	-0.108	0.025	0.018	0.025	0.022	0.018	-0.047
	(2.12)	(-0.93)	(-1.26)	(-2.45)	(-2.04)	(-4.31)	(1.21)	(0.85)	(1.20)	(1.14)	(0.81)	(-1.03)
|조정수익률|	0.436	0.432	0.414	0.403	0.420	0.484	0.384	0.398	0.407	0.364	0.388	
					기간1(1996/11/25-1997/09/30: N=953)							
수익률	0.009	-0.054	-0.017	-0.019	-0.010	-0.076	0.010	0.013	-0.002	0.036	0.011	-0.017
	(0.50)	(-2.84)	(-0.97)	(-1.11)	(-0.47)	(-3.70)	(0.54)	(0.71)	(-0.11)	(2.17)	(0.62)	(-0.38)
조정수익률	0.021	-0.041	-0.010	-0.011	-0.004	-0.065	0.015	0.011	0.001	0.040	0.016	0.015
	(1.19)	(-2.19)	(-0.60)	(-0.67)	(-0.18)	(-3.20)	(0.82)	(0.58)	(0.06)	(2.44)	(0.89)	(0.34)
|조정수익률|	0.298	0.334	0.304	0.306	0.346	0.384	0.306	0.325	0.327	0.293	0.305	
					기간2(1997/10/01-1997/12/27: N=447)							
수익률	0.136	0.013	-0.075	-0.163	-0.151	-0.209	0.039	0.032	0.081	-0.017	0.014	-0.210
	(1.78)	(0.19)	(-1.28)	(-2.61)	(-2.68)	(-3.15)	(0.77)	(0.63)	(1.56)	(-0.33)	(0.24)	(-1.87)
조정수익률	0.133	0.018	-0.064	-0.150	-0.137	-0.199	0.046	0.032	0.075	-0.017	0.021	-0.179
	(1.77)	(0.27)	(-1.12)	(-2.45)	(-2.48)	(-3.06)	(0.90)	(0.63)	(1.46)	(-0.35)	(0.37)	(-1.62)
|조정수익률|	0.730	0.641	0.649	0.611	0.578	0.696	0.551	0.553	0.578	0.514	0.565	

전체 기간에 대해 공매 이벤트 구간에서 -0.118%의 유의적인 음의 수익률과 -0.108%의 유의적인 음의 조정 수익률을 갖는다. 그리고 그 이후 +5구간까지 지속적으로 하락하는 모습을 보이지 않고, 오히려 유의적이지는 않지만 양의 조정 수익률을 갖는다. 즉 공매 거래가 집중된 구간에서는 즉시 가격이 하락하고, 이후 정상을 회복하는 모습을 보인다. 이는 시장이 공매 투자자들의 거래에 신속하고 효율적으로 반응을 한다는 증거라 할 수 있다.

공매 이후의 패턴에 대해서는 기간 1과 기간 2의 차이가 거의 보이지 않으나, 공매 10분 전부터의 패턴은 기간 2의 경우 공매 10분 전부터 유의적인 음의 조정 수익률을 갖는 데 비해, 기간 1의 경우는 유의 적이지 못하다.

공매 구간에서 유의적인 음의 수익률을 기록했음에도 불구하고, 그 이 후 유의적이지는 않지만 양의 수익률이 발생함에 따라, 이벤트 5분 전부 터 25분 후까지 30분 동안의 누적 수익률(CAR)은 전 기간에서 유의적이 지 못하다. 즉 공매 이벤트 이후의 지속적인 주가 하락은 없다는 결과이다.

그리고 조정 수익률을 절대값을 취하여 구한 변동성도 공매 이벤트 에만 증가할 뿐, 그 이후에는 곧 정상을 회복한다.

이상의 결과에서 대량의 공매 이벤트 이후의 조정 수익률이 유의적으로 (−)값을 갖지 않고, 변동성이 지속적이고 가파른 상승을 보이지 않으므로, 적어도 일중에 공매가 시장을 더욱 악화시킨다는 증거는 찾아 볼 수 없다.

(2) KOSPI 200종목 여부에 따른 공매의 일중 수익률과 변동성

KOSPI 200지수를 대상으로 하는 주가지수 선물 시장이 존재하는 우 리나라 시장에서 현물 시장의 공매 거래가 선물 시장과 연계되어 발생 할 가능성이 있다. 이런 경우는 주로 프로그램 거래(program trading) 의 형태로 이루어지기 쉬운데 현물 시장의 KOSPI 200지수를 구성하고 있는 종목들이 그 대상이 될 것이다. 특히 차익 거래를 목적으로 하는 공매 거래의 경우는 선물 시장의 가격괴리를 좁혀주는 역할을 함으로 써, 시장 안정화에 도움을 줄 것으로 예상할 수 있다. 따라서 공매 거래 종목이 KOSPI 200종목에 포함되는지의 여부에 따라 공매의 일중 수익 률과 변동성을 구한 결과가 〈표 6.3〉에 나타나 있다.

최종 표본 186종목 중에 기간 중 지속적으로 KOSPI 200지수에 포함 된 종목은 114개로 60%가량을 차지하고 있다.[31] 해당 공매 거래가

---

31) 〈표3.2〉 참조.

KOSPI 200지수에 포함된 종목인지 아닌지를 구분하여 앞의 방법과 같이 구간별 공매 거래비율(공매 거래량/총거래량) 상위 20위 이상의 구간을 선택한 후, 선택된 구간 전후 5개씩의 수익률, 조정 수익률, 변동성의 평균값들을 구하였다.

표본 중 KOSPI 200종목에 속하는 경우 공매 거래 이후 지속적인 주가 하락이나 변동성의 증가를 가져오지 않았고, 오히려 공매 거래 이전의 지속적인 하락 추세가 공매 거래로 인해 안정화됨을 알 수 있다. 이는 차익 거래와 같은 선물 연계 매매가 존재하고 있음을 암시하는 결과이다.

KOSPI 200종목에 속하지 않은 경우 그러한 결과를 찾아보기 힘들며, 변동성이 큰 모습을 보여주고 있다.

〈표 6.3〉 KOSPI 200종목 여부에 따른 공매의 일중 수익률과 변동성

평균통계량	공매 주변의 5분 간격 수익률											
	-5	-4	-3	-2	-1	0	+1	+2	+3	+4	+5	car(-1,5)
전체 기간(1996/11/25-1997/12/27)												
KOSPI 200지수에 속하는 종목 표본(N=1,195)												
수익률	0.060	-0.061	-0.038	-0.038	-0.049	-0.092	0.001	-0.007	0.016	0.025	0.009	-0.098
	(2.11)	(-3.01)	(-1.87)	(-1.97)	(-2.12)	(-3.72)	(0.03)	(-0.34)	(0.79)	(1.42)	(0.41)	(-2.20)
조정수익률	0.069	-0.050	-0.030	-0.029	-0.040	-0.084	0.005	-0.011	0.017	0.027	0.014	-0.072
	(2.46)	(-2.49)	(-1.47)	(-1.48)	(-1.78)	(-3.46)	(0.24)	(-0.50)	(0.82)	(1.58)	(0.70)	(-1.64)
|조정수익률|	0.412	0.384	0.385	0.376	0.398	0.455	0.366	0.385	0.382	0.330	0.361	
KOSPI 200지수에 속하지 않은 종목 표본(N=172)												
수익률	0.011	0.140	0.016	-0.258	-0.096	-0.265	0.106	0.160	0.103	-0.077	0.073	0.004
	(0.14)	(1.04)	(0.15)	(-2.10)	(-1.02)	(-2.48)	(1.24)	(2.28)	(1.23)	(-0.79)	(0.69)	(0.02)
조정수익률	0.006	0.144	0.022	-0.25	-0.085	-0.234	0.121	0.169	0.097	-0.074	0.076	0.068
	(0.07)	(1.08)	(0.21)	(-2.07)	(-0.92)	(-2.22)	(1.41)	(2.40)	(1.17)	(-0.77)	(0.73)	(0.34)
|조정수익률|	0.522	0.689	0.593	0.556	0.558	0.656	0.497	0.471	0.568	0.559	0.574	

평균통계량	-5	-4	-3	-2	-1	0	+1	+2	+3	+4	+5	car(-1,5)
				공매 주변의 5분 간격 수익률								

기간 1(1996/11/25-1997/09/30)

KOSPI 200지수에 속하는 종목 표본(N=843)

평균통계량	-5	-4	-3	-2	-1	0	+1	+2	+3	+4	+5	car(-1,5)
수익률	0.016	-0.059	-0.02	-0.011	-0.011	-0.083	0.003	0.008	-0.015	0.028	0.012	-0.058
	(0.94)	(-3.08)	(-1.09)	(-0.62)	(-0.51)	(-3.92)	(0.16)	(0.41)	(-0.79)	(1.64)	(0.67)	(-1.30)
조정수익률	0.028	-0.046	-0.014	-0.002	-0.005	-0.075	0.007	0.004	-0.011	0.033	0.017	-0.030
	(1.68)	(-2.42)	(-0.76)	(-0.13)	(-0.23)	(-3.55)	(0.34)	(0.22)	(-0.60)	(1.94)	(0.97)	(-0.69)
|조정수익률|	0.286	0.321	0.308	0.302	0.334	0.382	0.303	0.313	0.317	0.285	0.298	

KOSPI 200지수에 속하지 않은 종목 표본(N=96)

평균통계량	-5	-4	-3	-2	-1	0	+1	+2	+3	+4	+5	car(-1,5)
수익률	-0.067	-0.031	0.001	-0.081	-0.002	-0.032	0.060	0.083	0.104	0.081	0.015	0.309
	(-0.79)	(-0.36)	(0.02)	(-1.32)	(-0.02)	(-0.41)	(0.99)	(1.11)	(1.43)	(1.29)	(0.17)	(1.62)
조정수익률	-0.068	-0.023	0.016	-0.079	0.006	0.003	0.077	0.090	0.099	0.081	0.019	0.375
	(-0.79)	(-0.27)	(0.27)	(-1.31)	(0.06)	(0.04)	(1.27)	(1.17)	(1.34)	(1.32)	(0.21)	(2.04)
|조정수익률|	0.411	0.455	0.281	0.354	0.472	0.421	0.336	0.438	0.403	0.329	0.395	

기간 2(1997/10/01-1997/12/27)

KOSPI 200지수에 속하는 종목 표본(N=352)

평균통계량	-5	-4	-3	-2	-1	0	+1	+2	+3	+4	+5	car(-1,5)
수익률	0.165	-0.067	-0.082	-0.104	-0.141	-0.112	-0.005	-0.044	0.091	0.017	0.000	-0.194
	(1.89)	(-1.29)	(-1.53)	(-2.07)	(-2.34)	(-1.68)	(-0.11)	(-0.78)	(1.66)	(0.41)	(0.00)	(-1.81)
조정수익률	0.165	-0.060	-0.068	-0.092	-0.126	-0.105	0.000	-0.047	0.084	0.014	0.007	-0.172
	(1.93)	(-1.18)	(-1.29)	(-1.85)	(-2.14)	(-1.62)	(0.00)	(-0.84)	(1.56)	(0.34)	(0.14)	(-1.63)
|조정수익률|	0.714	0.535	0.570	0.552	0.549	0.631	0.516	0.557	0.537	0.439	0.511	

KOSPI 200지수에 속하지 않은 종목 표본(N=76)

평균통계량	-5	-4	-3	-2	-1	0	+1	+2	+3	+4	+5	car(-1,5)
수익률	0.110	0.356	0.034	-0.483	-0.215	-0.559	0.165	0.257	0.102	-0.277	0.146	-0.382
	(0.71)	(1.25)	(0.15)	(-1.81)	(-1.28)	(-2.57)	(0.92)	(2.02)	(0.61)	(-1.34)	(0.69)	(-0.97)
조정수익률	0.098	0.354	0.029	-0.467	-0.201	-0.534	0.176	0.267	0.095	-0.269	0.147	-0.320
	(0.64)	(1.27)	(0.13)	(-1.78)	(-1.21)	(-2.49)	(0.99)	(2.13)	(0.58)	(-1.34)	(0.71)	(-0.82)
|조정수익률|	0.661	0.985	0.986	0.813	0.667	0.954	0.700	0.513	0.777	0.850	0.801	

(3) 시장가 주문에 의해 체결된 공매의 일중 수익률과 변동성

앞장들에서 논의된 바와 같이 시장가 주문에 의한 공매 거래가 지정가 주문에 의한 공매 거래에 비하여 시장에 더 큰 충격을 주므로, 시장가 주문에 의한 공매 거래만을 따로 분리하면 그 효과가 극명하게 나타날 것으로 생각하여, 시장가 주문에 의한 공매의 일중 수익률과 변동성을 살펴보았다.

〈표 6.4〉는 〈표 6.3〉의 내용에서 시장가 주문에 의해 체결된 공매 거래만을 분리하여 본 것으로, 〈표 6.3〉에 비하여 선명한 결과를 보여주고 있다.

〈표 6.4〉 시장가 주문에 의해 체결된 공매의 일중 수익률과 변동성

평균통계량	공매 주변의 5분 간격 수익률											
	-5	-4	-3	-2	-1	0	+1	+2	+3	+4	+5	car(-1,5)

전체 기간(1996/11/25-1997/12/27)

KOSPI 200지수에 속하는 종목 표본(N=746)

수익률	0.063	-0.019	-0.013	-0.053	-0.116	-0.302	-0.017	-0.050	0.010	0.047	0.017	-0.411
	(1.83)	(-0.81)	(-0.47)	(-2.18)	(-4.07)	(-9.73)	(-0.74)	(-1.82)	(0.35)	(2.25)	(0.68)	(-7.72)
조정수익률	0.071	-0.011	-0.005	-0.044	-0.103	-0.286	-0.014	-0.048	0.009	0.051	0.025	-0.368
	(2.11)	(-0.46)	(-0.20)	(-1.80)	(-3.68)	(-9.38)	(-0.61)	(-1.76)	(0.32)	(2.43)	(1.00)	(-6.97)
|조정수익률|	0.389	0.369	0.393	0.364	0.385	0.456	0.331	0.371	0.390	0.310	0.329	

KOSPI 200지수에 속하지 않은 종목 표본(N=125)

수익률	0.108	0.078	-0.081	-0.293	-0.071	-0.562	0.046	0.079	0.126	-0.109	0.108	-0.382
	(1.05)	(0.52)	(-0.84)	(-1.86)	(-0.82)	(-4.45)	(0.43)	(1.04)	(1.41)	(-1.03)	(0.85)	(-1.82)
조정수익률	0.114	0.089	-0.072	-0.282	-0.055	-0.530	0.052	0.098	0.133	-0.089	0.111	-0.280
	(1.11)	(0.61)	(-0.75)	(-1.83)	(-0.64)	(-4.27)	(0.49)	(1.29)	(1.49)	(-0.86)	(0.89)	(-1.34)
|조정수익률|	0.547	0.635	0.486	0.585	0.442	0.667	0.517	0.399	0.472	0.479	0.528	

평균통계량	공매 주변의 5분 간격 수익률											
	-5	-4	-3	-2	-1	0	+1	+2	+3	+4	+5	car(-1,5)
기간 1(1996/11/25-1997/09/30)												
KOSPI 200지수에 속하는 종목 표본(N=525)												
수익률	0.010	-0.030	0.003	-0.030	-0.063	-0.233	-0.021	-0.020	-0.027	0.030	0.037	-0.297
	(0.48)	(-1.35)	(0.12)	(-1.31)	(-2.43)	(-9.52)	(-1.02)	(-0.86)	(-1.11)	(1.55)	(1.76)	(-5.76)
조정수익률	0.021	-0.019	0.012	-0.023	-0.052	-0.219	-0.017	-0.021	-0.026	0.035	0.042	-0.258
	(1.02)	(-0.87)	(0.51)	(-0.98)	(-2.04)	(-8.98)	(-0.80)	(-0.89)	(-1.07)	(1.79)	(1.98)	(-5.02)
|조정수익률|	0.279	0.305	0.309	0.299	0.320	0.365	0.257	0.292	0.327	0.266	0.279	
KOSPI 200지수에 속하지 않은 종목 표본(N=70)												
수익률	-0.006	-0.098	-0.050	-0.099	-0.015	-0.283	-0.052	0.009	0.164	0.080	0.079	-0.018
	(-0.06)	(-0.90)	(-0.73)	(-1.42)	(-0.19)	(-4.20)	(-0.95)	(0.15)	(2.65)	(1.28)	(1.05)	(-0.10)
조정수익률	0.011	-0.076	-0.035	-0.099	-0.003	-0.254	-0.041	0.028	0.184	0.098	0.088	0.100
	(0.10)	(-0.70)	(-0.55)	(-1.49)	(-0.04)	(-3.84)	(-0.75)	(0.43)	(2.97)	(1.59)	(1.16)	(0.54)
|조정수익률|	0.400	0.486	0.324	0.332	0.359	0.353	0.298	0.282	0.298	0.285	0.299	
기간 2(1997/10/01-1997/12/27)												
KOSPI 200지수에 속하는 종목 표본(N=221)												
수익률	0.189	0.007	-0.052	-0.108	-0.244	-0.464	-0.008	-0.122	0.098	0.088	-0.030	-0.683
	(1.81)	(0.11)	(-0.69)	(-1.75)	(-3.29)	(-5.39)	(-0.13)	(-1.62)	(1.25)	(1.64)	(-0.43)	(-5.25)
조정수익률	0.189	0.009	-0.047	-0.094	-0.226	-0.448	-0.008	-0.114	0.093	0.088	-0.014	-0.629
	(1.86)	(0.14)	(-0.65)	(-1.55)	(-3.12)	(-5.30)	(-0.14)	(-1.53)	(1.20)	(1.67)	(-0.20)	(-4.91)
|조정수익률|	0.650	0.522	0.592	0.518	0.538	0.673	0.506	0.558	0.540	0.414	0.447	
KOSPI 200지수에 속하지 않은 종목 표본(N=55)												
수익률	0.253	0.302	-0.121	-0.540	-0.142	-0.917	0.171	0.169	0.078	-0.349	0.146	-0.845
	(1.32)	(0.98)	(-0.59)	(-1.56)	(-0.84)	(-3.43)	(0.73)	(1.09)	(0.42)	(-1.57)	(0.53)	(-2.08)
조정수익률	0.245	0.300	-0.119	-0.515	-0.121	-0.882	0.171	0.188	0.068	-0.327	0.140	-0.763
	(1.30)	(0.99)	(-0.59)	(-1.52)	(-0.73)	(-3.35)	(0.74)	(1.24)	(0.36)	(-1.49)	(0.52)	(-1.88)
|조정수익률|	0.734	0.825	0.692	0.907	0.549	1.067	0.797	0.548	0.694	0.726	0.819	

우선 전 기간에 걸쳐 0시점에서의 음의 조정 수익률이 매우 크게 나타났고, KOSPI 200종목에 속하는 경우 공매 거래 이후 대략 10분 내지 15분간 지속적인 주가 하락이 있으나, 유의적이지 못하다. 그리고 공매 거래 이전의 지속적인 하락 추세가 시장가 주문에 의한 공매 거래로 인해서도 비교적 안정화됨을 알 수 있다. KOSPI 200종목에 속하지 않은 경우 공매가 발생한 구간에만 유의적인 음의 조정 수익률을 보일 뿐 공매 전후로 유의적인 조정 수익률이 나타나지 않았다.

(4) 주가지수 옵션 시장 도입 전후 공매의 일중 수익률과 변동성

1997년 7월 7일에 KOSPI 200지수를 기초 자산으로 하는 주가지수 옵션 시장이 개설됨에 따라 주가지수 선물 시장과 더불어 현물 시장과의 연계 매매가 더욱 활발해지게 되었다. 주가지수 옵션 시장의 개설 시점이 본 연구의 표본 기간의 중간에 있으므로, 주가지수 옵션 시장의 도입에 따른 공매 거래의 효과를 살펴보기에 적절하다.

〈표 6.5〉는 주가지수 옵션 시장이 도입된 1997년 7월 7일 전후 3개월간 공매의 일중 수익률과 변동성을 비교해본 것이다. 〈표 6.4〉의 방법과 같되, KOSPI 200종목 여부와 시장가 주문 여부를 구분함으로 인해 표본의 수가 너무 적게 되는 문제를 해결하기 위해, 구간별로 공매 비율이 10% 이상인 모든 구간을 표본으로 삼았다.

주가지수 옵션 시장 도입 이후 KOSPI 200종목에 속하는 표본의 경우 그 이전에 비하여 0시점에서의 음의 반응이 작아졌고, 유의적이지는 않으나, 시장가 주문에 의한 공매 직후 양의 조정 수익률을 보여, 주가지수 옵션 시장의 도입이 시장의 안정화에 도움을 주고 있음을 알 수 있다. KOSPI 200종목에 속하지 않은 표본의 경우, 주가지수 옵션 시장의 도입 이후 오히려 공매 후에 지속적인 주가 하락과, 유의성은 작지만 음의 조정 수익률을 보인다. 이는 차익 거래가 불가능한 종목은 주가지수 옵션의 도입으로 상대적으로 더욱 개별 종목 정보에 민감하게 되어, 정보 거래로서의 역할이 보다 강하게 됨을 의미한다.

〈표 6.5〉 주가지수 옵션 시장 도입 전후 공매의 일중 수익률과 변동성

평균통계량	공매 주변의 5분 간격 수익률											
	-5	-4	-3	-2	-1	0	+1	+2	+3	+4	+5	car(-1,5)
주가지수 옵션 시장 도입 이전(1997/04/07-1997/07/06)												
KOSPI 200지수에 속하는 종목 표본(N=817)												
수익률	-0.001	-0.010	-0.015	0.005	-0.031	-0.220	-0.027	-0.007	-0.002	0.021	0.033	-0.233
	(-0.05)	(-0.52)	(-0.84)	(0.25)	(-1.56)	(-10.90)	(-1.53)	(-0.41)	(-0.10)	(0.99)	(1.90)	(-6.07)
조정수익률	0.010	0.009	-0.005	0.015	-0.024	-0.213	-0.023	-0.001	-0.002	0.026	0.034	-0.203
	(0.55)	(0.47)	(-0.30)	(0.78)	(-1.21)	(-10.70)	(-1.33)	(-0.03)	(-0.12)	(1.25)	(1.94)	(-5.29)
|조정수익률|	0.300	0.303	0.301	0.303	0.307	0.343	0.262	0.292	0.290	0.313	0.297	
KOSPI 200지수에 속하지 않은 종목 표본(N=128)												
수익률	-0.055	-0.101	-0.043	-0.094	0.041	-0.348	-0.029	-0.010	0.049	0.138	0.091	-0.067
	(-0.98)	(-1.55)	(-0.73)	(-1.50)	(0.75)	(-4.18)	(-0.70)	(-0.18)	(1.05)	(2.60)	(1.79)	(-0.53)
조정수익률	-0.047	-0.096	-0.041	-0.084	0.050	-0.325	-0.034	-0.018	0.078	0.136	0.103	-0.010
	(-0.82)	(-1.47)	(-0.72)	(-1.32)	(0.91)	(-3.91)	(-0.81)	(-0.33)	(1.70)	(2.53)	(2.05)	(-0.08)
|조정수익률|	0.388	0.381	0.364	0.394	0.362	0.491	0.294	0.306	0.294	0.356	0.325	

	공매 주변의 5분 간격 수익률										
평균통계량	-5	-4	-3	-2	-1	0	+1	+2	+3	+4	+5	car(-1,5)

주가지수 옵션 시장 도입 이후(1997/07/07-1997/10/06)

KOSPI 200지수에 속하는 종목 표본(N=785)

	-5	-4	-3	-2	-1	0	+1	+2	+3	+4	+5	car(-1,5)
수익률	0.049	-0.007	0.047	-0.014	-0.022	-0.205	0.002	0.016	-0.002	0.014	0.020	-0.178
	(2.18)	(-0.31)	(2.47)	(-0.74)	(-1.20)	(-10.00)	(0.11)	(0.72)	(-0.10)	(0.65)	(1.01)	(-5.04)
조정수익률	0.058	0.007	0.058	-0.012	-0.020	-0.196	0.001	0.018	-0.003	0.013	0.019	-0.167
	(2.62)	(0.31)	(3.04)	(-0.64)	(-1.09)	(-9.59)	(0.08)	(0.85)	(-0.18)	(0.63)	(0.92)	(-4.79)
|조정수익률|	0.300	0.297	0.290	0.284	0.273	0.344	0.260	0.298	0.279	0.289	0.291	

KOSPI 200지수에 속하지 않은 종목 표본(N=103)

	-5	-4	-3	-2	-1	0	+1	+2	+3	+4	+5	car(-1,5)
수익률	0.080	0.029	0.031	0.039	0.100	-0.226	-0.040	-0.082	-0.026	-0.055	-0.106	-0.435
	(1.08)	(0.52)	(0.57)	(0.46)	(0.68)	(-3.89)	(-0.99)	(-2.03)	(-0.51)	(-0.94)	(-2.24)	(-2.40)
조정수익률	0.063	0.041	0.022	0.031	0.108	-0.214	-0.037	-0.076	-0.012	-0.056	-0.109	-0.397
	(0.85)	(0.73)	(0.42)	(0.36)	(0.74)	(-3.82)	(-0.92)	(-1.87)	(-0.23)	(-1.00)	(-2.31)	(-2.28)
|조정수익률|	0.330	0.283	0.274	0.329	0.494	0.364	0.228	0.192	0.247	0.245	0.238	

제3절 일별 분석

일중 분석에서 본 바와 같이 일중에 공매가 집중되는 순간이 존재하더라도 그로 인해 주가가 급락하거나 심하게 출렁거리는 현상은 보이지 않았다. 그렇다면 공매가 특히 많았던 날과 그 이후의 일별 패턴을 보는 것도 의미 있는 일일 것이다. 공매가 집중된 날 이후 주가가 급락하거나 변동성이 급증하는 증거가 보인다면, 공매도의 허용이 시장을 악화시킨다고 볼 수 있을 것이다.

1. 자료 및 방법론

일별 분석의 자료 및 방법론은 일중 분석의 경우와 흡사하다. 1996년 11월 25일부터 1997년 12월 27일까지 186종목에 대하여, 일별 공매 거래 비율(공매 거래량/총거래량) 상위 20위 이상의 구간을 선택하고, 그 날 전후 5일씩의 수익률, 평균 조정 수익률, 시장 조정 수익률, 변동성의 평균값들을 구한다. 공매 비율이 10% 미만이거나 공매 거래량의 전체 평균 수준인 2,391주 이하인 것은 삭제하였고, 공매 비율 상위 20위 이하이더라도 공매 비율이 10% 이상이면서 공매 거래량이 10,000주 이상인 날은 포함하였다. 역시 아시아 금융 위기를 전후, 두 기간(1기간: 1996/11/25-1997/09/30, 2기간: 1997/10/01-1997/12/27)으로 나누어 살펴보았다.

〈표 6.6〉은 이렇게 추출한 표본의 기술 통계량이다.

〈표 6.6〉 일별 공매 거래량과 공매 비율의 기술 통계량

기술통계량	전체 기간(N=1,452)		기간 1(N=1,019)		기간 2(N=433)	
	공매거래량(주)	공매비율	공매거래량	공매비율	공매거래량	공매비율
평 균	13,334	0.21	12,346	0.21	15,658	0.21
Max	126,470	1.00	126,470	1.00	124,340	0.99
Q3	15,855	0.25	14,710	0.25	18,750	0.26
Median	8,580	0.17	7,750	0.17	10,800	0.18
Q1	4,640	0.13	4,500	0.13	5,270	0.13
Min	2,400	0.10	2,400	0.10	2,400	0.10

전체 59,520개의 구간 중에서 1,452개의 표본 구간이 추출되었고, 추출된 표본의 평균 공매 거래량은 13,334주, 평균 공매 비율은 21%이다. 186표본 종목의 전체 일평균 공매 거래 비율이 1.78%임에 비추어 볼 때, 표본으로 뽑힌 날의 공매 거래 집중률이 대단히 높으며, 공매 거래

의 효과를 살펴보기에 적절한 표본이라 볼 수 있다. 아시아 금융위기 전 시점인 1997년 10월 1일 이전에서는 총 1,019개의 구간이 선정되었고, 평균 공매 거래량은 12,346주이고, 평균 공매 비율은 21%이다. 기간 2에서는 433개의 표본이 추출되었고, 15,658주의 평균 공매 거래량과 21%의 평균 공매 비율을 보였다.

이렇게 뽑힌 1,452개의 구간에 대하여, 전후 5일 간격 5개 구간의 수익률을 구한다. 즉 공매 거래가 많이 일어난 날 전후의 수익률 패턴을 분석하여, 공매 거래로 인한 시장 교란이 나타나는지를 살펴보았다. 수익률 패턴과 더불어 비정상 수익률의 패턴도 함께 구하였다. 각 종목별로 같은 요일의 수익률을 전 표본 기간에 걸쳐 평균을 구한 값을 대응 표본으로 삼아, 앞서 구한 주식 수익률에서 이 값을 뺀 조정 수익률(mean-adjusted return)을 비정상 수익률로 삼았다. 평균 조정 수익률 외에 앞서 구한 주식 수익률에서 종합 주가지수를 빼서 구한 시장 조정 수익률(market-adjusted return)도 추가로 구하였다. 또한 평균 조정 수익률에 절대값을 취하여 이를 변동성(volatility)의 지표로 삼았다. 일별 분석의 경우와 구간의 단위만 바뀔 뿐 각 변수들의 계산 방법은 동일하다.

2. 실증 결과

(1) 공매 전후 일별 수익률과 변동성

일별 분석의 실증 결과는 〈표 6.7〉에 나타나 있다. 〈표 6.7〉은 1996년 11월 25일부터 1997년 12월 27일까지 186종목에 대하여, 일별 공매 거래 비율(공매 거래량/총거래량) 상위 20위 이상의 구간을 선택하여, 선택된 날 전후 5일씩의 수익률, 평균 조정 수익률, 시장 조정 수익률, 변동성의 평균값들을 구한 것이다.

〈표 6.7〉 공매 전후의 일별 수익률과 변동성

평균통계량	공매 주변의 일일 간격 수익률											
	-5	-4	-3	-2	-1	0	+1	+2	+3	+4	+5	car(-1,1)
전체 기간(1996/11/25-1997/12/27: N=1,452)												
수익률	-0.627	-0.645	-0.663	-0.589	-0.092	0.255	-0.241	-0.269	-0.294	-0.260	-0.244	-0.047
	(-6.21)	(-6.17)	(-6.36)	(-5.51)	(-0.84)	(2.34)	(-2.27)	(-2.49)	(-2.71)	(-2.33)	(-2.20)	(-0.23)
시장조정수익률	-0.284	-0.228	-0.172	-0.088	0.264	0.627	0.036	-0.019	-0.131	-0.119	-0.150	0.949
	(-3.78)	(-2.97)	(-2.27)	(-1.11)	(3.27)	(7.28)	(0.46)	(-0.23)	(-1.64)	(-1.44)	(-1.81)	(6.19)
평균조정수익률	-0.313	-0.315	-0.385	-0.315	0.186	0.485	0.013	0.001	-0.017	0.048	0.054	0.715
	(-3.13)	(-3.02)	(-3.73)	(-2.96)	(1.71)	(4.50)	(0.12)	(0.01)	(-0.16)	(0.43)	(0.49)	(3.62)
|평균조정수익률|	2.830	2.991	3.003	3.099	3.210	3.148	3.011	3.100	3.054	3.225	3.178	
기간 1(1996/11/25-1997/09/30: N=1,019)												
수익률	-0.510	-0.388	-0.253	-0.238	0.276	0.461	0.053	-0.048	0.091	0.225	0.144	0.800
	(-5.45)	(-3.95)	(-2.53)	(-2.31)	(2.54)	(4.39)	(0.53)	(-0.47)	(0.90)	(2.18)	(1.44)	(4.26)
시장조정수익률	-0.143	-0.084	0.047	0.045	0.459	0.591	0.115	0.032	0.028	0.044	-0.013	1.173
	(-1.82)	(-1.02)	(0.56)	(0.53)	(5.06)	(6.79)	(1.35)	(0.37)	(0.33)	(0.52)	(-0.15)	(7.47)
평균조정수익률	-0.196	-0.037	0.018	0.028	0.559	0.705	0.306	0.238	0.357	0.527	0.448	1.586
	(-2.09)	(-0.37)	(0.18)	(0.27)	(5.16)	(6.74)	(3.08)	(2.35)	(3.55)	(5.14)	(4.51)	(8.44)
|평균조정수익률|	2.223	2.355	2.394	2.467	2.670	2.554	2.361	2.439	2.383	2.504	2.392	
기간 2(1997/10/01-1997/12/27: N=433)												
수익률	-0.900	-1.248	-1.626	-1.416	-0.957	-0.229	-0.935	-0.788	-1.199	-1.400	-1.158	-2.041
	(-3.51)	(-4.78)	(-6.44)	(-5.44)	(-3.69)	(-0.85)	(-3.54)	(-2.93)	(-4.43)	(-5.03)	(-4.08)	(-4.21)
시장조정수익률	-0.614	-0.567	-0.686	-0.403	-0.197	0.710	-0.149	-0.137	-0.506	-0.502	-0.473	0.420
	(-3.61)	(-3.38)	(-4.32)	(-2.33)	(-1.19)	(3.49)	(-0.86)	(-0.77)	(-2.76)	(-2.65)	(-2.41)	(1.18)
평균조정수익률	-0.587	-0.970	-1.333	-1.123	-0.693	-0.033	-0.679	-0.558	-0.897	-1.079	-0.874	-1.335
	(-2.33)	(-3.73)	(-5.34)	(-4.34)	(-2.71)	(-0.13)	(-2.61)	(-2.10)	(-3.38)	(-3.91)	(-3.12)	(-2.79)
|평균조정수익률|	4.258	4.488	4.437	4.587	4.481	4.544	4.540	4.654	4.633	4.924	5.027	

결과에서 보듯이 기간 1과 기간 2의 패턴이 매우 다름을 알 수 있다. 기간 1의 경우, 대량의 공매가 일어난 날의 수익률과 평균 조정 수익률, 시장 조정 수익률이 모두 유의적으로 양의 값을 갖는다. 그 이후 수익

률과 시장 조정 수익률은 유의적이지는 않으나, 수익률의 상승으로 이어지고 있다. 평균 조정 수익률의 경우는 유의적인 증가를 보이고 있다. 그러나 기간 2의 경우는 대량의 공매가 일어난 날의 수익률과 평균 조정 수익률은 유의적이지는 않지만, 음의 값을 갖고, 그 이후 5일간 지속적으로 하락하는 모습을 보인다. 대량의 공매 거래일 이후 유의적으로 수익률이 하락할 뿐만 아니라, 같은 요일의 전체 평균 수익률보다도 더 유의적으로 하락하는 결과가 도출되었다. 변동성도 이벤트 이후 지속적으로 상승하고 있다. 전체 기간에서는 공매 이벤트 이후 비정상 수익이 유의적이지 않은 결과가 나타났는데, 두 기간의 패턴이 상당히 달라 양자가 상쇄됨에 따라 발생한 결과로 보인다.

요약하면 아시아 금융 위기라는 비정상적인 상황을 맞아, 공매 거래가 많이 발생한 다음 적어도 한 주 동안 음의 비정상 수익이 지속되고 변동성도 증가하는 모습을 보여, 공매 거래가 시장을 더욱 악화시키는 역할을 하였다고 할 수 있다. 반면 아시아 금융 위기 이전에는 공매 거래가 시장을 더욱 악화시키는 증거를 찾아 볼 수 없다.

(2) KOSPI 200종목 여부에 따른 공매의 일별 수익률과 변동성

일중 분석에서와 마찬가지로 공매 거래 종목이 KOSPI 200종목에 포함되는지의 여부에 따라 공매의 일별 수익률과 변동성을 구한 결과가 〈표 6.8〉에 나타나 있다.

KOSPI 200종목에 속한 경우는 〈표 6.7〉의 결과와 크게 다를 바가 없다. KOSPI 200종목에 속하지 않은 경우는 기간 1과 기간 2의 패턴이 다르지 않은데, 이러한 종목들에 대한 공매 거래가 상대적으로 적기 때문에, 시장에 큰 영향을 미치지 않고 있음을 알 수 있다.

〈표 6.8〉 KOSPI 200종목 여부에 따른 공매의 일별 수익률과 변동성

평균통계량	__	__	__	__	__	__	__	__	__	__	__	__

공매 주변의 일인 간격 수익률

평균통계량	-5	-4	-3	-2	-1	0	+1	+2	+3	+4	+5	car(-1,1)

전체 기간(1996/11/25-1997/12/27)

KOSPI 200지수에 속하는 종목 표본(N=1,176)

평균통계량	-5	-4	-3	-2	-1	0	+1	+2	+3	+4	+5	car(-1,1)
수익률	-0.637	-0.659	-0.648	-0.584	-0.118	0.209	-0.185	-0.262	-0.186	-0.174	-0.231	-0.093
	(-5.97)	(-5.92)	(-5.81)	(-5.14)	(-1.00)	(1.80)	(-1.60)	(-2.27)	(-1.59)	(-1.43)	(-1.92)	(-0.44)
시장조정수익률	-0.283	-0.268	-0.191	-0.063	0.249	0.571	0.090	-0.035	-0.055	-0.039	-0.086	0.909
	(-3.63)	(-3.33)	(-2.42)	(-0.77)	(2.93)	(6.67)	(1.05)	(-0.42)	(-0.66)	(-0.44)	(-0.98)	(5.85)
평균조정수익률	-0.351	-0.355	-0.412	-0.341	0.136	0.417	0.043	-0.017	0.057	0.104	0.046	0.597
	(-3.33)	(-3.20)	(-3.72)	(-3.01)	(1.17)	(3.65)	(0.38)	(-0.15)	(0.49)	(0.87)	(0.38)	(2.84)
|평균조정수익률|	2.691	2.867	2.889	2.944	3.079	2.981	2.926	2.978	2.944	3.116	3.075	

KOSPI 200지수에 속하지 않은 종목 표본(N=213)

평균통계량	-5	-4	-3	-2	-1	0	+1	+2	+3	+4	+5	car(-1,1)
수익률	-0.360	-0.658	-0.845	-0.608	0.182	0.554	-0.516	-0.175	-0.695	-0.739	-0.395	0.220
	(-1.17)	(-2.13)	(-2.74)	(-1.84)	(0.57)	(1.68)	(-1.77)	(-0.55)	(-2.23)	(-2.31)	(-1.23)	(0.37)
시장조정수익률	-0.182	0.007	-0.179	-0.199	0.388	0.896	-0.112	-0.032	-0.541	-0.502	-0.529	1.172
	(-0.73)	(0.03)	(-0.74)	(-0.73)	(1.51)	(2.97)	(-0.49)	(-0.12)	(-2.07)	(-1.91)	(-1.96)	(2.30)
평균조정수익률	0.067	-0.171	-0.340	-0.198	0.585	0.905	-0.141	0.237	-0.234	-0.294	0.036	1.348
	(0.22)	(-0.56)	(-1.13)	(-0.60)	(1.83)	(2.76)	(-0.49)	(0.76)	(-0.76)	(-0.93)	(0.11)	(2.29)
|평균조정수익률|	3.398	3.422	3.436	3.803	3.798	3.883	3.249	3.539	3.461	3.695	3.667	

기간 1(1996/11/25-1997/09/30)

KOSPI 200지수에 속하는 종목 표본(N=835)

평균통계량	-5	-4	-3	-2	-1	0	+1	+2	+3	+4	+5	car(-1,1)
수익률	-0.631	-0.488	-0.290	-0.269	0.211	0.431	0.121	0.029	0.217	0.304	0.168	0.763
	(-6.47)	(-4.66)	(-2.75)	(-2.47)	(1.80)	(3.90)	(1.13)	(0.27)	(2.05)	(2.79)	(1.60)	(3.85)
시장조정수익률	-0.210	-0.162	-0.026	0.013	0.425	0.574	0.168	0.056	0.110	0.113	0.026	1.166
	(-2.58)	(-1.87)	(-0.30)	(0.14)	(4.47)	(6.46)	(1.88)	(0.62)	(1.32)	(1.28)	(0.31)	(7.29)
평균조정수익률	-0.341	-0.167	-0.064	-0.037	0.467	0.648	0.347	0.287	0.449	0.565	0.446	1.462
	(-3.51)	(-1.59)	(-0.61)	(-0.34)	(4.03)	(5.89)	(3.27)	(2.69)	(4.24)	(5.20)	(4.26)	(7.44)
|평균조정수익률|	2.111	2.288	2.298	2.355	2.559	2.418	2.274	2.320	2.284	2.394	2.280	

KOSPI 200지수에 속하지 않은 종목 표본(N=150)

평균통계량	-5	-4	-3	-2	-1	0	+1	+2	+3	+4	+5	car(-1,1)
수익률	0.133	-0.046	-0.338	-0.182	0.714	0.587	-0.247	-0.533	-0.546	-0.158	0.103	1.055
	(0.43)	(-0.15)	(-1.09)	(-0.56)	(2.21)	(1.71)	(-0.82)	(-1.66)	(-1.69)	(-0.49)	(0.32)	(1.81)
시장조정수익률	0.146	0.174	0.198	0.120	0.678	0.623	-0.042	-0.206	-0.406	-0.292	-0.183	1.259
	(0.56)	(0.67)	(0.74)	(0.43)	(2.35)	(2.02)	(-0.16)	(-0.72)	(-1.35)	(-1.00)	(-0.63)	(2.36)
평균조정수익률	0.560	0.485	0.196	0.248	1.135	0.993	0.141	-0.084	-0.063	0.333	0.552	2.269
	(1.83)	(1.69)	(0.64)	(0.76)	(3.48)	(2.90)	(0.47)	(-0.27)	(-0.20)	(1.04)	(1.74)	(3.88)
|평균조정수익률|	2.844	2.723	2.835	3.068	3.304	3.348	2.832	2.970	2.924	3.087	3.007	

평균통계량	-5	-4	-3	-2	-1	0	+1	+2	+3	+4	+5	car(-1,1)
					공매 주변의 일일 간격 수익률							

기간 2(1997/10/01-1997/12/27)

KOSPI 200지수에 속하는 종목 표본(N=341)

	-5	-4	-3	-2	-1	0	+1	+2	+3	+4	+5	car(-1,1)
수익률	-0.651	-1.079	-1.524	-1.357	-0.923	-0.333	-0.933	-0.976	-1.173	-1.343	-1.208	-2.189
	(-2.33)	(-3.79)	(-5.46)	(-4.80)	(-3.23)	(-1.14)	(-3.14)	(-3.29)	(-3.89)	(-4.29)	(-3.78)	(-4.08)
시장조정수익률	-0.462	-0.528	-0.597	-0.249	-0.183	0.563	-0.101	-0.257	-0.458	-0.411	-0.360	0.280
	(-2.56)	(-2.96)	(-3.56)	(-1.42)	(-1.04)	(2.81)	(-0.51)	(-1.38)	(-2.34)	(-1.95)	(-1.66)	(0.77)
평균조정수익률	-0.374	-0.817	-1.265	-1.083	-0.674	-0.148	-0.701	-0.760	-0.903	-1.024	-0.934	-1.523
	(-1.36)	(-2.89)	(-4.57)	(-3.85)	(-2.39)	(-0.52)	(-2.40)	(-2.59)	(-3.04)	(-3.30)	(-2.95)	(-2.90)
평균조정수익률	4.113	4.286	4.335	4.385	4.352	4.358	4.524	4.589	4.561	4.883	5.021	

KOSPI 200지수에 속하지 않은 종목 표본(N=63)

	-5	-4	-3	-2	-1	0	+1	+2	+3	+4	+5	car(-1,1)
수익률	-1.527	-2.117	-2.050	-1.624	-1.086	0.475	-1.157	0.677	-1.051	-2.121	-1.583	-1.767
	(-2.11)	(-2.85)	(-2.86)	(-2.03)	(-1.48)	(0.62)	(-1.74)	(0.90)	(-1.45)	(-2.89)	(-2.10)	(-1.25)
시장조정수익률	-0.957	-0.392	-1.078	-0.958	-0.302	1.545	-0.277	0.382	-0.864	-1.002	-1.352	0.966
	(-1.69)	(-0.70)	(-2.19)	(-1.51)	(-0.58)	(2.19)	(-0.65)	(0.61)	(-1.64)	(-1.84)	(-2.30)	(0.83)
평균조정수익률	-1.099	-1.735	-1.617	-1.260	-0.726	0.695	-0.812	1.000	-0.640	-1.788	-1.193	-0.843
	(-1.54)	(-2.32)	(-2.31)	(-1.59)	(-1.00)	(0.92)	(-1.24)	(1.36)	(-0.90)	(-2.50)	(-1.63)	(-0.60)
평균조정수익률	4.709	5.087	4.868	5.552	4.973	5.158	4.241	4.892	4.741	5.142	5.239	

(3) 시장가 주문에 의해 체결된 공매의 일별 수익률과 변동성

〈표 6.9〉는 〈표 6.8〉의 내용에서 시장가 주문에 의해 체결된 공매 거래만을 분리하여 본 것으로, 〈표 6.8〉에 비하여 선명한 결과를 보여주고 있다.

KOSPI 200종목에 속하는 경우 〈표 6.8〉과는 달리 0구간에서 유의적인 음의 조정 수익률을 보이고 있다. 시장가 주문에 의한 공매 거래가 시장에 큰 영향을 준다는 것을 나타내는 결과이다. KOSPI 200종목에 속하지 않은 경우, 시장가 주문에 의한 공매가 상대적으로 많이 발생한 구간에도 유의적인 음의 조정 수익률이 보이지 않을 뿐만 아니라, 공매 전후로도 유의적인 조정 수익률이 나타나지 않았다.

〈표 6.9〉 시장가 주문에 의해 체결된 공매 주변의 일별 수익률과 변동성

평균통계량	공매 주변의 일인 간격 수익률											
	-5	-4	-3	-2	-1	0	+1	+2	+3	+4	+5	car(-1,1)

전체 기간(1996/11/25-1997/12/27)

KOSPI 200지수에 속하는 종목 표본(N=784)

	-5	-4	-3	-2	-1	0	+1	+2	+3	+4	+5	car(-1,1)
수익률	-0.484	-0.513	-0.704	-0.730	-0.470	-0.735	-0.374	-0.223	-0.413	-0.316	-0.247	-1.580
	(-3.70)	(-4.06)	(-5.43)	(-5.69)	(-3.64)	(-5.53)	(-2.71)	(-1.60)	(-2.92)	(-2.18)	(-1.74)	(-6.05)
시장조정수익률	-0.248	-0.183	-0.173	-0.187	-0.103	0.082	-0.003	-0.035	-0.080	-0.090	-0.154	-0.024
	(-2.54)	(-2.04)	(-1.95)	(-2.09)	(-1.09)	(0.88)	(-0.03)	(-0.33)	(-0.81)	(-0.85)	(-1.49)	(-0.14)
평균조정수익률	-0.223	-0.272	-0.351	-0.522	-0.251	-0.480	-0.171	0.004	-0.058	-0.079	0.021	-0.902
	(-1.72)	(-2.17)	(-2.72)	(-4.12)	(-1.95)	(-3.64)	(-1.25)	(0.03)	(-0.41)	(-0.54)	(0.15)	(-3.47)
|평균조정수익률|	2.694	2.611	2.712	2.639	2.705	2.788	2.849	2.907	2.896	3.045	2.955	

KOSPI 200지수에 속하지 않은 종목 표본(N=146)

	-5	-4	-3	-2	-1	0	+1	+2	+3	+4	+5	car(-1,1)
수익률	-1.658	-1.571	-1.544	-0.685	-0.577	-0.505	-0.604	0.207	-0.557	-1.277	-0.484	-1.687
	(-1.23)	(-4.77)	(-4.58)	(-1.93)	(-1.79)	(-1.39)	(-1.73)	(0.55)	(-1.41)	(-3.42)	(-1.27)	(-2.31)
시장조정수익률	-1.874	-0.731	-0.363	-0.264	-0.283	0.150	-0.129	0.352	-0.286	-0.952	-0.272	-0.262
	(-1.40)	(-2.68)	(-1.39)	(-0.97)	(-1.03)	(0.52)	(-0.44)	(1.08)	(-0.88)	(-3.22)	(-0.91)	(-0.45)
평균조정수익률	-1.203	-1.190	-1.023	-0.315	-0.251	-0.120	-0.252	0.546	-0.070	-0.929	-0.088	-0.623
	(-0.91)	(-3.59)	(-3.08)	(-0.89)	(-0.79)	(-0.33)	(-0.74)	(1.47)	(-0.18)	(-2.55)	(-0.24)	(-0.85)
|평균조정수익률|	4.444	3.197	3.169	3.179	2.877	3.448	3.116	3.481	3.703	3.411	3.476	

기간 1(1996/11/25-1997/09/30)

KOSPI 200지수에 속하는 종목 표본(N=557)

	-5	-4	-3	-2	-1	0	+1	+2	+3	+4	+5	car(-1,1)
수익률	-0.451	-0.419	-0.289	-0.504	-0.301	-0.501	-0.015	0.095	0.138	0.127	0.009	-0.817
	(-3.59)	(-3.64)	(-2.47)	(-4.44)	(-2.44)	(-3.95)	(-0.12)	(0.73)	(1.06)	(0.98)	(0.07)	(-3.72)
시장조정수익률	-0.113	-0.093	-0.015	-0.098	0.011	0.024	0.098	0.087	0.119	0.136	-0.070	0.132
	(-1.10)	(-0.96)	(-0.15)	(-1.04)	(0.10)	(0.24)	(0.95)	(0.79)	(1.14)	(1.28)	(-0.67)	(0.77)
평균조정수익률	-0.176	-0.169	0.065	-0.316	-0.088	-0.231	0.190	0.337	0.490	0.334	0.267	-0.130
	(-1.41)	(-1.46)	(0.55)	(-2.81)	(-0.71)	(-1.83)	(1.54)	(2.62)	(3.80)	(2.56)	(2.12)	(-0.59)
|평균조정수익률|	2.211	2.039	2.093	2.007	2.164	2.249	2.145	2.243	2.289	2.317	2.183	

KOSPI 200지수에 속하지 않은 종목 표본(N=94)

	-5	-4	-3	-2	-1	0	+1	+2	+3	+4	+5	car(-1,1)
수익률	-2.637	-1.256	-0.839	0.222	-0.167	-0.258	-0.363	0.106	0.161	-0.711	-0.053	-0.788
	(-1.28)	(-3.77)	(-2.26)	(0.66)	(-0.51)	(-0.75)	(-1.02)	(0.29)	(0.41)	(-1.98)	(-0.15)	(-1.18)
시장조정수익률	-2.476	-0.794	-0.331	0.331	-0.133	0.068	-0.230	0.127	-0.016	-0.706	-0.023	-0.294
	(-1.20)	(-2.50)	(-0.98)	(1.23)	(-0.49)	(0.22)	(-0.71)	(0.38)	(-0.04)	(-2.23)	(-0.07)	(-0.49)
평균조정수익률	-2.153	-0.809	-0.301	0.586	0.198	0.209	0.003	0.504	0.640	-0.359	0.392	0.410
	(-1.06)	(-2.43)	(-0.83)	(1.71)	(0.63)	(0.60)	(0.01)	(1.36)	(1.66)	(-1.03)	(1.10)	(0.60)
|평균조정수익률|	4.799	2.473	2.629	2.409	2.282	2.554	2.533	2.704	2.894	2.563	2.541	

평균통계량	공매 주변의 일일 간격 수익률											
	-5	-4	-3	-2	-1	0	+1	+2	+3	+4	+5	car(-1,1)
기간 2(1997/10/01-1997/12/27)												
KOSPI 200지수에 속하는 종목 표본(N=227)												
수익률	-0.566	-0.742	-1.723	-1.284	-0.886	-1.311	-1.257	-1.005	-1.763	-1.402	-0.876	-3.454
	(-1.71)	(-2.23)	(-5.15)	(-3.75)	(-2.71)	(-3.91)	(-3.47)	(-2.83)	(-5.00)	(-3.71)	(-2.31)	(-4.87)
시장조정수익률	-0.577	-0.404	-0.560	-0.406	-0.380	0.224	-0.250	-0.333	-0.568	-0.645	-0.360	-0.406
	(-2.59)	(-2.02)	(-3.10)	(-2.00)	(-1.89)	(1.05)	(-1.06)	(-1.39)	(-2.62)	(-2.51)	(-1.45)	(-0.95)
평균조정수익률	-0.338	-0.525	-1.370	-1.029	-0.650	-1.092	-1.055	-0.815	-1.402	-1.091	-0.582	-2.797
	(-1.03)	(-1.60)	(-4.12)	(-3.04)	(-2.01)	(-3.30)	(-2.94)	(-2.32)	(-4.02)	(-2.91)	(-1.55)	(-3.98)
|평균조정수익률|	3.878	4.013	4.231	4.188	4.035	4.110	4.577	4.536	4.386	4.833	4.849	
KOSPI 200지수에 속하지 않은 종목 표본(N=52)												
수익률	0.110	-2.140	-2.819	-2.323	-1.320	-0.952	-1.040	0.389	-1.854	-2.301	-1.263	-3.311
	(0.16)	(-3.05)	(-4.44)	(-3.14)	(-1.92)	(-1.17)	(-1.41)	(0.48)	(-2.25)	(-2.85)	(-1.50)	(-2.01)
시장조정수익률	-0.786	-0.619	-0.420	-1.339	-0.556	0.297	0.054	0.758	-0.775	-1.397	-0.721	-0.204
	(-1.25)	(-1.21)	(-1.02)	(-2.37)	(-0.94)	(0.51)	(0.10)	(1.11)	(-1.26)	(-2.32)	(-1.19)	(-0.17)
평균조정수익률	0.516	-1.880	-2.327	-1.944	-1.064	-0.715	-0.712	0.621	-1.352	-1.960	-0.957	-2.491
	(0.77)	(-2.66)	(-3.68)	(-2.66)	(-1.57)	(-0.90)	(-1.00)	(0.77)	(-1.66)	(-2.47)	(-1.16)	(-1.54)
|평균조정수익률|	3.803	4.507	4.146	4.570	3.953	5.064	4.169	4.884	5.164	4.943	5.168	

(4) 주가지수 옵션 시장 도입 전후 공매의 일별 수익률과 변동성

〈표 6.10〉은 주가지수 옵션 시장이 도입된 1997년 7월 7일 전후 3개월간 공매의 일별 수익률과 변동성을 비교해 본 것이다.

주가지수 옵션 시장 도입 이후 KOSPI 200종목에 속하는 표본의 경우, 공매 직후 유의적인 조정 수익이 나타나지 않는다. KOSPI 200종목에 속하지 않은 표본의 경우, 주가지수 옵션 시장의 도입 전후 큰 차이를 보이지 않는다.

〈표 6.10〉 주가지수 옵션 시장 도입 전후 공매의 일별 수익률과 변동성

평균통계량	\multicolumn{12}{c}{공매 주변의 일일 간격 수익률}

평균통계량	-5	-4	-3	-2	-1	0	+1	+2	+3	+4	+5	car(-1,1)

주가지수 옵션 시장 도입 이전(1997/04/07-1997/07/06)

KOSPI 200지수에 속하는 종목 표본(N=211)

평균통계량	-5	-4	-3	-2	-1	0	+1	+2	+3	+4	+5	car(-1,1)
수익률	-0.528	-0.482	-0.344	-0.392	0.167	0.184	0.294	0.361	0.811	0.982	0.391	0.646
	(-3.04)	(-2.69)	(-2.04)	(-2.34)	(0.93)	(1.02)	(1.66)	(2.05)	(4.67)	(5.14)	(2.07)	(2.01)
시장조정수익률	-0.433	-0.324	-0.239	-0.175	0.229	0.198	0.056	0.155	0.325	0.508	0.035	0.483
	(-2.63)	(-2.00)	(-1.55)	(-1.19)	(1.52)	(1.31)	(0.39)	(1.03)	(2.19)	(2.94)	(0.21)	(1.92)
평균조정수익률	-0.226	-0.165	-0.104	-0.146	0.452	0.439	0.514	0.660	1.042	1.207	0.709	1.405
	(-1.29)	(-0.92)	(-0.62)	(-0.88)	(2.51)	(2.40)	(2.96)	(3.80)	(6.04)	(6.41)	(3.74)	(4.41)
|평균조정수익률|	1.927	2.046	1.859	1.820	1.976	2.091	1.968	1.986	1.961	2.219	2.109	

KOSPI 200지수에 속하지 않은 종목 표본(N=40)

평균통계량	-5	-4	-3	-2	-1	0	+1	+2	+3	+4	+5	car(-1,1)
수익률	-0.381	-0.749	-0.234	0.113	-0.301	-0.436	0.653	-0.963	-0.329	0.947	-0.132	-0.084
	(-0.67)	(-1.32)	(-0.46)	(0.20)	(-0.63)	(-0.79)	(1.18)	(-1.81)	(-0.66)	(2.05)	(-0.25)	(-0.09)
시장조정수익률	-0.227	-0.720	-0.042	0.263	-0.054	-0.386	0.533	-0.889	-0.593	0.495	-0.433	0.093
	(-0.43)	(-1.33)	(-0.09)	(0.52)	(-0.12)	(-0.73)	(1.14)	(-1.90)	(-1.27)	(1.12)	(-0.86)	(0.10)
평균조정수익률	-0.048	-0.184	0.170	0.357	0.017	-0.082	0.945	-0.462	0.036	1.205	0.272	0.880
	(-0.08)	(-0.32)	(0.32)	(0.62)	(0.04)	(-0.15)	(1.74)	(-0.89)	(0.07)	(2.62)	(0.52)	(0.92)
|평균조정수익률|	2.724	2.826	2.489	2.830	2.233	2.659	2.412	2.374	2.370	2.265	2.524	

평균통계량	공매 주변의 일일 간격 수익률										
	-5	-4	-3	-2	-1	0	+1	+2	+3	+4	+5	car(-1,1)

주가지수 옵션 시장 도입 이후(1997/07/07-1997/10/06)

KOSPI 200지수에 속하는 종목 표본(N=306)

	-5	-4	-3	-2	-1	0	+1	+2	+3	+4	+5	car(-1,1)
수익률	-0.435	-0.523	-0.248	-0.393	0.014	0.077	0.023	-0.257	-0.242	-0.062	-0.238	0.114
	(-3.10)	(-3.51)	(-1.66)	(-2.92)	(0.10)	(0.55)	(0.16)	(-1.98)	(-1.90)	(-0.50)	(-1.75)	(0.51)
시장조정수익률	-0.076	-0.127	-0.011	-0.104	0.294	0.323	0.215	0.062	0.115	0.215	-0.057	0.832
	(-0.59)	(-1.00)	(-0.09)	(-0.87)	(2.31)	(2.74)	(1.91)	(0.54)	(1.08)	(2.07)	(-0.51)	(4.37)
평균조정수익률	-0.193	-0.270	-0.058	-0.204	0.218	0.295	0.200	-0.040	-0.057	0.146	0.006	0.713
	(-1.37)	(-1.83)	(-0.40)	(-1.53)	(1.49)	(2.12)	(1.43)	(-0.31)	(-0.44)	(1.18)	(0.04)	(3.16)
|평균조정수익률|	1.782	1.882	1.880	1.714	1.803	1.736	1.730	1.672	1.681	1.667	1.744	

KOSPI 200지수에 속하지 않은 종목 표본(N=51)

	-5	-4	-3	-2	-1	0	+1	+2	+3	+4	+5	car(-1,1)
수익률	-0.623	-1.311	-0.843	-0.876	0.384	-0.273	-0.346	0.412	-0.022	-0.798	-0.109	-0.235
	(-2.03)	(-3.98)	(-2.07)	(-1.93)	(0.85)	(-0.63)	(-1.07)	(1.19)	(-0.06)	(-1.91)	(-0.26)	(-0.37)
시장조정수익률	0.008	-0.616	-0.380	-0.360	0.399	0.178	-0.324	0.188	0.264	-0.164	0.370	0.253
	(0.03)	(-2.07)	(-1.01)	(-0.88)	(1.02)	(0.47)	(-1.03)	(0.64)	(0.80)	(-0.48)	(0.99)	(0.40)
평균조정수익률	-0.289	-0.861	-0.466	-0.598	0.760	-0.119	-0.024	0.720	0.344	-0.398	.218	0.617
	(-0.96)	(-2.66)	(-1.17)	(-1.30)	(1.72)	(-0.28)	(-0.07)	(2.01)	(0.96)	(-0.96)	(0.52)	(1.01)
|평균조정수익률|	1.528	1.962	2.095	2.394	2.384	2.067	1.621	1.903	1.914	2.050	2.109	

전반적으로 일별 분석의 결과가 일중 분석에 비해 선명하지 못하다. 그 이유로서 표본의 공매 거래의 일별 발생 비율이 평균 20% 내외인 반면에, 일중 분석에서는 구간의 공매 비율 평균이 98%이므로, 공매의 영향의 정도에 차이가 있을 수 있다. 그리고 5분 간격의 구간에 비하면, 하루라는 구간은 너무도 긴 기간이어서 공매 이외의 다른 효과가 혼합 되어 나타나기가 쉽다. 따라서 일중 분석이 보다 더 정확한 결과를 나 타내고 있다고 할 수 있다.

이상과 같은 결과는 공매가 정보 거래라는 앞장들의 논의와 일맥상 통한다. 시장 가격에 미치는 정보 투자자의 역할에 대한 전통적인 견해 에 따르면, 정보를 가진 투자자는 자산의 가격이 내재 가치와 같아지도록 하는 가격 안정화 기능을 한다는 것이다. 자산의 내재 가치를 잘 알고 있는 정보 투자자는 자산의 가격이 내재 가치보다 낮아지면 매입하고, 내재 가치보다 높아지면 매도하는 거래를 통하여 자산의 가격이 항상 내재 가치에 가깝게 가도록 하며, 그 결과 가격이 안정된다는 것이다. Kyle(1985)에 의하면 정보 거래자들의 시장 참여로 시장의 노이즈를 줄여주어 주식이 그 본질 가치를 빨리 찾아간다고 한다.

위의 결과로 미루어 볼 때 정상적인 시장 상황하에서는 공매가 정보 거래로서 시장을 불안정하게 하기보다는 오히려 안정화시키는 역할을 하고 있다고 할 수 있다. 그러나 아시아 금융 위기와 같은 시장 붕괴 상황하에서는 대량의 공매 거래가 시장을 더욱 악화시킬 수 있는 가능성도 존재한다.

제7장 결 론

본 연구에서는 1996년 11월 25일부터 1997년 12월 27일까지 한국 주식시장에 대한 일중 자료인 'IFB/KSE 거래 자료(IFB/KSE transactions database)를 이용하여 공매 거래의 본질과 그 결정 요인을 규명한바, 다음과 같은 결론을 도출하였다.

첫째로 본 연구는 일중 자료를 이용한 사건 연구를 통해 공매 거래가 발생한 후 가격 조정 양상을 분석해 봄으로써 우리나라 주식시장에서 공매 거래가 과연 정보 거래(informed trading)인지를 규명하였다.

공매 거래 정보에 관해 투명하지 못한 미국 시장에 대한 연구들에 비하여, 공매의 정보 거래 여부에 대해 미시적이고 구체적인 분석으로써 강한 관계를 도출하였다. 미시적인 연구의 장점은 매우 짧은 순간이 하나의 구간으로 설정이 되므로, 분석 시 다른 효과와 혼합되는 가능성이 적어져 보다 정확한 분석이 가능하다는 점이다. 시장가 주문에 의한 공매 거래 직후 대응 표본인 일반 매도 직후에 비하여 -0.246%의 비정상 수익이 발생하였고, 약 20분이 지나서야 더 이상 음의 반응을 보이지 않았다. 유사한 조건의 일반 매도에 비하여, 비정상적 음의 초과 수익 반응을 나타낸 것은 공매가 나쁜 뉴스를 담은 정보 거래임을 나타내주며, 20여 분 정도에 그 조정이 완료됨을 볼 때, 우리나라 시장이 상당히 효율적임을 알 수 있다. 반면 지정가 주문에 의해 체결된 공매 거래의 경우 오히려 거래 직후 0.364%의 양의 비정상 수익이 도출되었다. 그리고 30분이 지나도록 거의 그 상태를 유지해, 즉각적인 양의 조정이 이루어짐을 알 수 있다. 정보를 지닌 공매(informed short selling)의 예기치 못한 증가는 음의 효과를 지니는 반면, 정보를 지니지 아니한 공

매(uninformed short selling)의 예기치 못한 증가는 오히려 양의 효과
를 얻는다고 한 Conrad(1994)의 결과에 비추어 볼 때, 시장가 주문에
의해 체결된 공매는 정보를 지닌 공매이고, 지정가 주문에 의해 체결된
공매는 정보를 지니지 아니한 공매에 속한다는 결론을 얻었다.

그리고 거래량과 가격 변화의 양의 관계를 도출한 Easley and
O'Hara(1987)와 Karpoff(1987)의 결과와 상응하게 공매의 비정상 수익
이 거래량의 증가함수임을 밝혔다.

또한 공매 거래의 결과 발생하는 가격 효과 중에서 영구 효과가 일
시 효과를 압도하여, 공매가 부정적인 정보를 함유한 거래라는 사실을
뒷받침하였다.

다음으로, 이러한 공매를 결정하는 요인을 밝힌바, 공매 거래가 전날
과 당일의 시장 요인(market-wide information)에는 음의 관계로, 개별
요인(firm-specific information)과는 양의 관계가 있음을 보였다. 공매
는 상대적으로 시장 요인보다는 개별 요인에 의해 강하게 영향을 받는
것으로, 우리 시장에서는 헷징이나 차익 거래 목적의 공매가 상대적으
로 적을 것임을 암시하고 있다. 다만 KOSPI 200지수를 대상으로 하는
주가지수 선물 시장이 존재하는 우리나라에서, KOSPI 200지수를 구성
하고 있는 종목들의 경우 현물 시장의 공매 거래가 선물 시장과 연계
되어 발생할 가능성이 있는데, 이러한 종목들은 개별 요인뿐만 아니라
시장 요인도 중요한 요소가 됨을 알 수 있었다.

끝으로 공매가 시장을 불안정(destabilizing)하게 하는지에 대하여 아
시아 금융 위기로 인한 주가 폭락기를 전후로 나누어 검토해 본바, 우
리나라 시장에서 적어도 일중에서 공매가 시장을 교란시키는 증거를
찾아 볼 수 없었다.

KOSPI 200종목에 속하는 경우, 공매 거래 이후 지속적인 주가 하락
이나 변동성의 증가를 가져오지 않았고, 오히려 공매 거래 이전의 지속

적인 하락 추세가 공매 거래로 인해 안정화됨을 알 수 있었다. 이는 차익 거래와 같은 선물 연계 매매가 존재하고 있음을 암시하는 결과이다. 그리고 KOSPI 200종목에 속하는 경우, 공매 시점 구간에서의 음의 조정 수익률이 매우 크게 나타났고, 공매 거래 이후 대략 10분 내지 15분간 지속적인 주가 하락이 있으나, 이는 유의적인 것이 아니었다.

공매 거래 이전의 지속적인 하락 추세가 시장가 주문에 의한 공매 거래로 인해서도 비교적 안정화됨을 알 수 있다.

1997년 7월 7일에 KOSPI 200지수를 기초 자산으로 하는 주가지수 옵션 시장이 개설됨에 따라, 주가지수 선물 시장과 더불어 현물 시장과의 연계 매매가 더욱 활발해지게 되었다. 주가지수 옵션 시장 도입 이후 KOSPI 200종목에 속하는 표본의 경우, 그 이전에 비하여 공매 시점 구간에서의 음의 반응이 작아졌고, 유의적이지는 않으나, 시장가 주문에 의한 공매 직후 양의 조정 수익률을 보여, 주가지수 옵션 시장의 도입이 시장의 안정화에 도움을 주고 있음을 알 수 있었다. KOSPI 200종목에 속하지 않은 표본의 경우, 주가지수 옵션 시장의 도입 이후 오히려 공매 후에 지속적인 주가 하락과, 유의성은 작지만 음의 조정 수익률을 보였다. 이는 차익 거래가 불가능한 종목은 주가지수 옵션의 도입으로 상대적으로 더욱 개별 종목 정보에 민감해져, 정보 거래로서의 역할이 보다 강하게 됨을 의미한다. 그러나 일별 수준에서 주가 폭락기에 다량의 공매가 발생하면, 그 이후 지속적인 주가 하락과 변동성 증가를 가져왔다.

본 연구의 주요 공헌은 공매에 대한 풍부한 정보가 담겨져 있는 방대한 양의 일중 자료를 이용하여, 공매가 나쁜 뉴스를 담은 정보 거래임을 밝히고, 일중 사건 연구를 통해 공매 거래 전후의 음의 비정상 수익을 정확하게 측정한 데에 있다. 나아가 공매의 결정 요인을 분석함으로써 공매 거래의 특성을 보다 구체화하고, 공매를 포함한 일반 주문을 직접 관찰하여 투자자들의 투자 행태를 분석해 봄으로써, 우리 시장의 미시 구조를 보다 자세히 들여다 본 데 의의를 갖는다. 또한 공매가 시장을 교란시키지 않으므로, 공매에 대한 지나친 규제를 완화하여, 투자자들에게는 합리적인 자산 선택이 가능하게 하고, 시장은 보다 효율적으로 운용되게 하는 것이 필요하다는 정책적인 시사점도 도출하였다.

한편 본 연구는 다음과 같은 한계점이 있음을 밝혀 둔다.

신용 거래 제도에 의한 공매 투자는 개인 투자자만이 가능한데, 기관 투자자는 1996년 9월부터 실시되고 있는 유가 증권 대차 거래 제도를 이용하여 증권 예탁원으로부터 주식을 빌려 공매를 할 수 있다. 그러나 이 내용이 담긴 자료를 구할 수가 없어 제외되었다. 물론 개인 투자자의 거래 비중이 80% 이상이 되는 우리 시장에서 이를 무시하더라도 큰 문제는 없으리라 보지만, 기관 투자자들의 공매 거래에 대한 정보를 알 수 있다면, 더욱 풍부하고 정확한 분석이 가능하리라 생각한다.

또한 공매 거래를 한 후 그날 장 종료 전까지 매수 상환을 할 수 있으면 당일의 공매 거래가 가능하여, 대주가 아니더라도 공매를 할 수 있는 경우가 있는데 초단기 매매를 하는 증권 회사의 브로커들이 간혹 이용하나, 역시 이에 대한 자료는 확보하지 못하였다.

공매 거래 자료의 시계열이 조금 더 길게 확보가 된다면, 시장 효율성과 관련하여 공매 투자자가 이익을 얻는지 그 여부에 대한 성과 분석도 가능할 것이다.

그리고 공매의 결정 요인 분석에서, 보다 구체적인 변수를 도입하여 횡단면적으로 공매 거래를 결정하는 요인을 찾아내는 것도 의미 있는 일일 것이나, 이는 향후의 연구과제로 남겨두기로 한다.

참고문헌

1. 국내 문헌

金大洙, 有價證券貸借制度의 導入에 관한 考察, 증권예탁 제17호, 3-30, 1996.

金容菀, 우리나라 有價證券 空賣渡制度 改善方案, 證券金融 vol.231, 3-27, 1995.

김종선, 김종오, 『현대금융론』, 서울: 학현사, 1995.

南尙九, 朴鍾浩, 信用殘高가 株價指數의 豫測値인가, 證券學會誌 第19輯, 27-49, 1996.

박영석, 수수료와 증거금에 관한 이론적 연구, 財務研究 第16號, 185-202, 1998.

박정식, 박종원, 『현대투자론』, 서울: 다산출판사, 1998.

李敎春, 우리나라 證券市場의 信用去來制度 改善方案, 證券金融 vol.263, 3-36, 1997.

李正道, 『世界證券市場』, 서울: 經文社, 1993.

이정범, 이주영, 『신용 거래 제도 및 이론』, 한국증권연구원, 1998.

李潃行, 崔爀, KOSPI 200 種目의 市場衝擊費用 測定과 그 決定要因 分析, 證券學會誌 第20輯, 205-232, 1997.

張夏成, 韓國證券市場에서의 하루 中 收益率과 去來量에 관한 記述的 分析, 財務研究 第5號, 1-47, 1992.

지청, 장하성, 옥진호, 주문 주도시장에서의 단기수익률 예측, 재무연구 제16호, 119-161, 1998.

證券監督院, 『資本市場年報』, 1998.

최혁, 지정가 주문형 시장에서의 유동성분석 - 한국증권거래소의 경우, 증권금융연구 제2권 1호, 29-46, 1996.

한국증권거래소, 『21세기를 향한 한국증권시장』, 1996.

한국증권거래소, 『KSE Fact Book』, 1995~1997.

한국증권거래소, 『증권시장』, 1988~1997.

한국증권금융주식회사, 『증권금융』 vol.266, 1998.

韓國證券金融株式會社 調査部, 『主要國의 信用去來制度』, 1997.

2. 외국 문헌

Aitken, Michael J., Alex Frino, 1996, Execution costs associated with institutional trades: Evidence from the Australian stock exchange, *Pacific Basin Finance Journal* 4, 45-58

Aitken, Michael J., Alex Frino, Michael S. McCorry, Peter L. Swan, 1998, Short sales are almost instantaneously bad news: Evidence from the Australian stock exchange, *Journal of Finance* 53, 2205-2223.

Angel, J. James, Short selling on the NYSE, 1997, Working paper, Georgetown University.

Asquith, Paul and Lisa Meulbroek, 1996, An empirical investigation of short interest, Working paper, Harvard University, Boston, MA.

Biais, B., P. Hillion, and C. Spatt, 1995, An empirical analysis of the limit order book and the order flow in the Paris Bourse, *Journal of Finance* 5, 1655-1689.

Brent, A., D. Morse and E. K. Stice, 1990, Short Interest:

Explanations and Test, *Journal of Financial and Quantitative Analysis* 25, 273-289.

Brown, S., and J. Warner, 1985, Using daily stock returns: The case of event studies, *Journal of Financial Economics* 11, 301-328

Brown, S., and J. Warner, 1980, Measuring security price performance, *Journal of Financial Economics* 8, 205-258

Choe, Hyuk, Bong-Chan, Kho, and Rene M. Stulz, 1999, Do foreign investors destabilize stock markets? The Korean experience in 1997, forthcoming in *Journal of Financial Economics*

Conrad, Jennifer, 1994, The price effect of short interest announcements, Working paper, University of North Carolina.

Dechow, Patricia M., Amy P. Hutton, Lisa Meulbroek and Richard G. Sloan, 1997, Short positions, fundamental analysis and capital market efficiency, Working paper, University of Michigan, Ann Arbor, MI.

Diamond, Douglas and Robert Verrechia, 1987, Constraints on short-selling and asset price adjustment to private information, *Journal of Financial Economics* 18, 277-311.

Dimson, Elroy, 1979, Risk measurement when shares are subject to infrequent trading, *Journal of Financial Economics* 7, 197-226.

Easley, D., and M. O'Hara, 1987, Price, trade size, and information in securities markets, *Journal of Financial Economics* 19, 69-90.

Figlewski, Stephen, 1981, The informational effects of restrictions on short sales: some empirical evidence, *Journal of Financial and Quantitative Analysis* 16, 463-476.

Figlewski, Stephen and Gwendolyn P. Webb, 1993, Options, short sales, and market completeness, *Journal of Finance* 48, 761-777.

Fuller, W. A. and Battese, G. E., 1974 Estimation of linear models with crossed-error structure, *Journal of Econometrics* 2, 67-78.

Glosten, L., 1994, Is the electronic open limit order book is inevitable?, *Journal of Finance* 49, 1127-1161.

Harris, L. 1986, A transaction data study of weekly and intradaily patterns in stock returns, *Journal of Financial Economics* 16, 99-117.

Harris, L., J. Hasbrouck, 1992, Market versus limit orders: SuperDOT evidence on order submission strategy, Working paper, NYSE.

Harris, Frederick H., Thomas H. McInish, Ranjan R. Chakravarty, 1995, Bids and asks in disequilibrium market microstructure: The case of IBM, *Journal of Banking and Finance* 19, 323-345.

Holthausen, Robert W., Richard W. Leftwich, and David Mayers, 1987, The effect of large block transactions on security prices: A cross-sectional analysis, *Journal of Financial Economics* 19, 237-268.

Holthausen, Robert W., Richard W. Leftwich, and David Mayers, 1990, Large-block transactions, the speed of response, and temporary and permanent stock-price effects, *Journal of Financial Economics* 26, 71-95.

Hanley, Kathleen Weiss and H. Nejat Seyhun, 1994, The profitability of short selling: Evidence from closed-end funds, Working paper, University of Michgan.

Jain C. Prem and Gun-Ho Joh, 1988, The dependence between hourly prices and trading volume, *Journal of Financial and Quantitative Analysis* 23, 269-283.

Karpoff, Jonathan M., 1987, The relation between price changes and trading volume: A survey, *Journal of Financial and Quantitative Analysis* 22, 109-126.

Keim, Donald B., and Anath Madhavan, 1995, Anatomy of the trading process: Empirical evidence from the behavior of institutional traders, *Journal of Financial Economics* 18, 277-311.

Kraus, Alan and Hans R. Stoll, 1972, Price impacts of block trading on the New York Stock Exchange, *Journal of Finance* 27, 569-588.

Kyle, A., 1985, Continuous auctions and insider trading, *Econometrica* 53, 1315-1335.

Lee, M. Charles, and Mark J. Ready, 1991, Inferring trade direction from intraday data, *Journal of Finance* 46, 733-746.

McInish, Thomas H., and Robert A. Wood, 1992, An analysis of intraday patterns in bid/ask spreads for NYSE stocks, *Journal of Finance* 47, 753-764.

Senchack. A. J and Laura T. Starks, 1993, Short-sale Restriction and Market Reaction to Short Interest Announcement,

Journal of Financial and Quantitative Analysis 28, 177-194.

Wood, R., T. McInish and K. Ord, 1985, An investigation of transaction data for NYSE stocks, *Journal of Finance* 40, 723-741.

· 저자 ·

김종오   · 약 력 ·
(金鍾五)   서울대학교 경영대학 경영학과 졸업
            서울대학교 대학원 경영학 석사
            서울대학교 대학원 경영학 박사

            한국방송통신대학교 경영학과 교수
            재무학회, 증권학회 이사
            미국 오하이오 주립대 객원연구원

            · 주요논저 ·
            「Short Sales and Price Discovery: Evidence from Korea Stock Exchange」
            「한국증권시장에서 공매의 정보효과에 관한 연구」
            「증권 온라인거래와 오프라인거래의 가격발견 기능」
            『재무관리』(공저)
            『투자론』(공저)
            외 다수

한국증권시장의 공매거래의 본질

· 초판 인쇄   2006년 6월 30일
· 초판 발행   2006년 6월 30일

· 지 은 이   김종오
· 펴 낸 이   채종준
· 펴 낸 곳   한국학술정보㈜
            경기도 파주시 교하읍 문발리 526-2
            파주출판문화정보산업단지
            전화 031) 908-3181(대표) · 팩스 031) 908-3189
            홈페이지 http://www.kstudy.com
            e-mail(e-Book사업부) ebook@kstudy.com
· 등   록   제일산-115호(2000. 6. 19)
· 가   격   20,000원

ISBN   89-534-5256-2 93320 (Paper Book)
       89-534-5257-0 98320 (e-Book)